ANTONIO CANDIDO

SERVIÇO SOCIAL DO COMÉRCIO
Administração Regional no Estado de São Paulo

Presidente do Conselho Regional
Abram Szajman

Diretor Regional
Danilo Santos de Miranda

Conselho Editorial
Ivan Giannini
Joel Naimayer Padula
Luiz Deoclécio Massaro Galina
Sérgio José Battisteli

Edições Sesc São Paulo
Gerente Iã Paulo Ribeiro
Gerente adjunta Isabel M.M. Alexandre
Coordenação editorial Clívia Ramiro, Cristianne Lameirinha, Francis Manzoni, Jefferson Alves de Lima
Produção editorial Maria Elaine Andreoti
Coordenação gráfica Katia Verissimo
Produção gráfica Fabio Pinotti, Ricardo Kawazu
Coordenação de comunicação Bruna Zarnoviec Daniel

Biblioteca Brasiliana Guita e José Mindlin

UNIVERSIDADE DE SÃO PAULO

Reitor Vahan Agopyan
Vice-reitor Antonio Carlos Hernandes

**Pró-Reitoria de Cultura
e Extensão Universitária**
Pró-reitor Maria Aparecisa de Andrade Moreira Machado
Pró-reitora adjunta Margarida Maria Krohling Kunsch

**Biblioteca Brasiliana
Guita e José Mindlin**
Diretor Carlos Alberto de Moura Ribeiro Zeron
Vice-diretor Alexandre Moreli

Publicações BBM
Editor Plinio Martins Filho
Editora assistente Millena Santana

Edições Sesc São Paulo
Rua Serra da Bocaina, 570 – 11º andar
03174-000 – São Paulo, SP, Brasil
Tel.: 11 2607-9400
edições@sescsp.org.br
sescsp.org.br/edicoes
 / edicoessescsp

Publicações BBM
Biblioteca Brasiliana Guita e José Mindlin
Rua da Biblioteca, 21
Cidade Universitária
05508-065 – São Paulo, SP, Brasil
Tel.: 11 2648-0840
bbm@usp.br

Antonio Candido
Afeto e Convicção

© Todos os autores, 2021
© Edições Sesc São Paulo, 2021
Todos os direitos reservados

Edição   Plinio Martins Filho
Preparação   Claudia Alejandra Sarmiento Moreno,
Isabella Silva Teixeira, Millena Santana
Composição   Millena Santana Machado
Capa   Dalton Bertini Ruas
Revisão   Plinio Martins Filho

Dados Internacionais de Catalogação na Publicação (CIP)
(Câmara Brasileira do Livro, SP, Brasil)
Ficha catalográfica elaborada pelo Serviço de Biblioteca e Documentação da
Biblioteca Brasiliana Guita e José Mindlin (BBMUSP)

S729a

    Souza, Laura de Mello; Calil, Carlos Augusto; Gimenes, Max; et al.
    Antonio Candido: Afeto e Convicção. – São Paulo: Edições Sesc, 2021.
    184 p. ; 16 x 23 cm.

    ISBN Edições Sesc: 978-65-86111-14-9

    1. Antonio Candido. 2. Literatura brasileira. 3. Crítica literária.
4. Biografia. I. Autores. II. Título.

CDD: 928

Bibliotecário
Repr. Téc.: Rodrigo M. Garcia, CRB8ª: SP-007584/O

Sumário

APRESENTAÇÃO – *Danilo Santos de Miranda*... 7

O HOMEM

1. O CONTADOR DE HISTÓRIAS – *Laura de Mello e Souza* 11
2. AQUELE CASAL – *Carlos Augusto Calil* 23
3. AFETO E CONVICÇÃO POLÍTICA NA TRAJETÓRIA DE ANTONIO CANDIDO – *Max Gimenes* 31

O PROFESSOR

4. AFETO E CONVICÇÃO – *Telê Ancona Lopez* 49
5. O PROFESSOR – *Adélia Bezerra de Meneses* 57
6. PROFESSOR ANTONIO CANDIDO E SUA INFLUÊNCIA EM MEU PERCURSO ACADÊMICO – *Norma Goldstein* 69

O INTELECTUAL

7. PERFIS – *Walnice Nogueira Galvão* 83

8. SERENIDADE E PAIXÃO: O SOCIALISMO DE ANTONIO CANDIDO –
   Paulo Vannuchi 89

9. ANTONIO CANDIDO, AMÉRICA LATINA – *João Cezar de Castro Rocha* ...97

10. ANTONIO CANDIDO E O MODERNISMO BRASILEIRO: RECORTES –
    Maria Augusta Fonseca 115

11. A FAMÍLIA BRASILEIRA: EXPERIÊNCIA SOCIAL E RESSONÂNCIA
    INTELECTUAL EM UM ENSAIO DE ANTONIO CANDIDO –
    Rodrigo Ramassote 125

12. ESPELHO AO NORTE – *Luiz Carlos Jackson e Alejandro Blanco* 139

13. ANTONIO CANDIDO, MÁRIO DE ANDRADE –
    Marcos Antonio de Moraes 153

14. ANTONIO CANDIDO E ALCEU AMOROSO LIMA: DIÁLOGOS E
    CORRESPONDÊNCIA – *Leandro Garcia Rodrigues* 169

SOBRE OS AUTORES 180

Presenças: o homem, o intelectual, o professor

DANILO SANTOS DE MIRANDA
Diretor do Sesc São Paulo

SEMINÁRIO REALIZADO EM 2018, Afeto e Convicção – Uma Homenagem a Antonio Candido de Mello e Souza (1918-2017) marcou o centenário desse que figura entre os principais pensadores brasileiros, desdobrando-se nesta publicação. Ao reunir um conjunto multifacetado de visões em torno do legado do crítico, sociólogo e docente, *Antonio Candido: Afeto e Convicção* revisita sua abrangente atuação como mestre dotado de profundo senso ético e social, reconhecido pelo rigor conferido aos estudos literários, assim como pelo papel desempenhado na formação de gerações de estudiosos – ambos beneficiados por uma perspectiva analítica afeita a relacionar os problemas da literatura com os da sociedade.

    A longevidade e a permanente abertura para as coisas do mundo fizeram da fértil personalidade do porta-voz de *Os Parceiros do Rio Bonito* uma fonte de onde fluíam, inesgotavelmente, histórias daquilo que vivera, ouvira e pesquisara ao longo da vida. Sua família, sempre agraciada com a generosidade desse narrador, que o diga. Contador inveterado, ele valorizava a tradição oral precocemente haurida do sul de Minas Gerais, onde passou boa parte da infância. Ali, foi desde cedo exposto ao Brasil profundo, escutando relatos de épocas passadas e convivendo com personagens que lhe marcaram de maneira decisiva, dos quais sorveu passagens e destinos que contaria até o fim de seus dias. A escuta foi, sem dúvida, uma qualidade excepcional desse hábil perscrutador da complexa e tortuosa condição nacional.

A lavra do intelectual é notadamente permeada pelo fascínio que nutria pelas pessoas – conhecidas ou não –, sobretudo por aquilo que lhe reportavam ou evocavam. Autor de *Formação da Literatura Brasileira*, ao crítico coube o inestimável trabalho de sistematizar e traduzir o desejo histórico dos brasileiros, ao menos de seus setores letrados, de dispor de uma literatura própria, que nos facultasse o (auto)reconhecimento como "comunidade simbólica", nas palavras de João Cezar de Castro Rocha. Originais, as proposições teóricas de Candido viriam funcionar como bússola não somente no ambiente literário local, mas também no contexto latino-americano, permitindo o vislumbre de afinidades estéticas supranacionais.

Seu percurso profissional teve na Universidade um *locus* privilegiado. Aí, a coragem e o pioneirismo desse distinto professor – lembrado com orgulho e afeto por vários de seus ex-alunos, hoje pesquisadores com projeção acadêmica – encontraram eco, na medida em que suas ideias se mostraram essenciais, entre outras, para a renovação da investigação teórica acerca da literatura produzida no Brasil e também para a internacionalização de pesquisas. A disposição interdisciplinar esteve entre os seus atributos, o que lhe permitia compartilhar com os discentes análises voltadas tanto ao detalhamento da matéria poético-literária quanto ao estabelecimento de conexões com outras áreas do saber e do fazer artístico.

Candido logrou delinear, com essas presenças simultâneas, uma trajetória impressionantemente vasta e rica, tendo na crítica literária o tronco de suas contribuições para a cultura brasileira e para além dela. Assumindo a diversidade como parâmetro de sua inserção na realidade, bem como de seu compromisso com a aventura do conhecimento, esse poliédrico intelectual nos deixou nada menos do que uma interpretação de país fundada na alteridade, dedicada a lidar com os estratos e assimetrias que constituem as bases desse enigma chamado Brasil.

O HOMEM

I

O Contador de Histórias

Laura de Mello e Souza

O MUNDO EM QUE O CONTADOR DE HISTÓRIAS NASCEU

ANTONIO CANDIDO DE MELLO E SOUZA nasceu a 24 de julho de 1918 e completaria cem anos dentro de algumas semanas se uma crise gástrica não o tivesse levado rapidamente a 12 de maio de 2017. Estava lúcido, controlava sua vida cotidiana com total independência, indo regularmente ao banco fazer transações e pagar contas, pois nunca se interessou pela informática nem utilizou a internet, valendo-se de uma velha máquina portátil para escrever seus textos e vendo-se às voltas com crescentes dificuldades para conseguir as fitas de tinta preta que a fizessem funcionar. Morreu quase de repente, após cinco dias de hospitalização, quando todos os seus dez descendentes adultos se revezaram na sua cabeceira, procurando manter o clima de afeto, leveza e o bom humor que aprenderam com ele. Nos momentos finais não estiveram com ele os cinco bisnetos, a mais velha então com quatroze anos e a caçula com apenas cinco, apesar de terem usufruído de um de seus maiores talentos, ou, mais do que isso, de uma verdadeira virtude que conservou ao longo da vida: a de contador de histórias.

A vida longa, os interesses variados e a personalidade riquíssima com que o destino o premiou permitiriam abordar um sem-número de aspectos referentes ao mundo da família, assunto sobre o qual devo me deter aqui. Sabendo ser impossível evitar o recorte mais pessoal e subjetivo, ocorreu me que a faceta do narrador permitiria apresentar um pouco da atmosfera de convívio característica do espaço doméstico, onde o círculo mais íntimo – a mulher, as três filhas, os genros, os netos e bisnetos – e o da família alargada – os irmãos, os sobrinhos, os tios, os sogros, os primos – bem como o dos amigos mais próximos – os de juventude mas também os que foram se agregando durante a vida – deixavam-se ficar hipnotizados por suas incomparáveis narrações de fatos vividos ou ouvidos. Porque ele fazia parte de famílias particularmente dotadas de talento narrativo, tanto do lado de seu pai quanto do de sua mãe. Ou talvez porque no seu grupo familiar ainda estivesse muito viva a tradição oral, própria de sociedades rústicas e ainda pouco atingidas pelo modo capitalista de existir, nas quais predominavam os mundos fechados sobre pequenas comunidades que se mantinham meio desconectadas dos grandes centros e dos elos que, havia muito, faziam do mundo mais desenvolvido uma rede intrincada de conexões.

No mundo em que Antonio Candido nasceu ainda não predominava a iluminação elétrica, o telefone era raro, os automóveis restritos aos muito ricos, as rodovias, portanto, inexistentes, os aviões usados apenas nos conflitos bélicos, o cinema engatinhava, a televisão, a internet e suas inúmeras decorrências – redes sem fio, Skype, telefonia celular, FaceTime – mero objeto de ficção científica que todos tinham por certo nada ser senão ficção e, nessa qualidade, irrealizáveis. Mundo no qual o número dos iletrados superava o dos que sabiam ler e escrever, os livros eram poucos, as bibliotecas, privadas ou públicas, contavam-se nos dedos. Mundo mais próximo daquele visto pelos irmãos Grimm e pelos primeiros estudiosos da cultura popular europeia entre o final do século XVIII e o início do século XIX do que do mundo do século XX e do início do século XXI.

Na casa de sua mãe, Clarisse de Carvalho Tolentino, a vida mais que confortável da família fora destruída pela morte do pai e pela inexperiência da viúva, a falta de meios impondo um cotidiano recluso que as visitas e as conversas coloriam, pontilhadas por longas narrativas do que ia pelo mundo exterior, no caso a capital federal, o Rio de Janeiro, mas também os grandes centros europeus. Clarisse e duas das irmãs, que compunham a ala mais nova de uma numerosa irmandade – oito haviam atingido a idade adulta –, habituaram-se a cantar trechos de óperas aprendidas com os mais velhos, modinhas e canções populares ouvidas dos antigos escravos, e a representar cenas de teatro, costumes que mais tarde foram transmitidos a seus filhos – entre eles meu pai – junto com muita história da vida de personagens ilustres que se viam nas ruas do Rio de Janeiro, assim como da de anônimos, ricos e pobres, livres e escravos, que integravam o círculo da domesticidade restrita. Siá Tutinha, que pintava o cabelo de preto e adorava jogar baralho, sabendo também ler a sorte nas cartas; o General, primo afastado que tinha sotaque alemão e voz de baixo profundo; Marcelo, outro primo que vivera na Europa, conservava o acento parisiense no português hesitante e trazia muito das intrigas públicas para dentro daquele ambiente fechado tornaram-se, todos, personagens das histórias que minha avó e minhas tias-avós registraram, passando-as para meu pai, que as passou para nós. Ecos da vida de Corte, das lutas que marcaram a implantação da República, da difícil e dolorosa integração dos negros na sociedade de classes – para usar o título de um dos livros de Florestan Fernandes, mais tarde amigo íntimo e querido de Antonio Candido –, dos capoeiras exímios que atemorizavam e fascinavam os transeuntes, dos bondes puxados a burro, dos cortiços onde se amontoava a população desfavorecida: o que inspirou o romance homônimo de Aloísio Azevedo meu pai identificou, já adulto, ao descrito por sua mãe e tias quando relembravam os costumes e a vizinhança do bairro onde moravam membros da parentela.

A família de seu pai, Aristides Candido de Mello e Souza, vivia no sul de Minas, entre a cidadezinha de Santa Rita de Cássia e as fazendas da região, onde seus antepassados haviam se estabelecido muito tempo antes na qualidade de modestos camponeses ilhéus e minhotos. Zona rústica, cujo isolamento prolongado selou-se quando a ferrovia foi desviada para Passos, que progrediu enquanto Santa Rita permanecia parada no tempo. Ali aqueles antigos habitantes do Portugal agrário pouco estudaram mas melhoraram de vida, lidando com gado e lavoura, envolvendo-se na política local ao mesmo tempo em que lhes eram abertas as portas da Guarda Nacional, casando entre si ou em alguns outros grupos familiares locais. Um dos poucos entre os onze irmãos a estudar e obter diploma universitário, foi em Santa Rita que Aristides se estabeleceu com a mulher pouco depois no nascimento de Antonio Candido, e foi lá que seus três filhos viveram a primeira infância, ouvindo histórias de lutas de clãs, violências de potentados e de cangaceiros, revoltas de escravos, relatos de viagens sertão adentro para buscar gado em Mato Grosso e Goiás ou mar afora até a Índia distante, onde os criadores sul-mineiros, assim como os do Triângulo, se aventuraram para comprar dos marajás o primeiro gado zebu que originou o indubrasil.

O sul de Minas forneceu a meu pai as narrativas de outras épocas, mas também a experiência do mundo suspenso no tempo e a convivência com personagens sobre as quais discorreu até morrer. Viu um jagunço moribundo passar carregado sobre uma escada que se improvisou em maca, o corpo inerte coberto por um pano sujo e ensanguentado. Viu meu avô sair a cavalo de madrugada para, sob forte chuva e os protestos da mulher, atender criminosos baleados e obedecer ao juramento de Hipócrates, invocado naquele momento ante os filhos apavorados. Aproximou-se dos parentes mais velhos para ouvir sobre tempos passados mas nem por isso mortos: seu padrinho Totônio Bento – o tio Totônio, lendário contador de histórias –, tio João Candido, seu tio-avô; tio Gentil, um dos mais jovens da irmandade de Aristides, que falava como Guimarães Rosa escrevia, homem muito rústico e gentilíssimo, conforme o nome, repositório infindável das histórias de um Brasil arcaico. Meu pai ainda menino conviveu com Siá Vitória, ex-escrava que aos domingos ia ajudar minha avó Clarisse a catar feijão e, com a vista fraca, mais misturava os grãos sujos com os limpos, enquanto contava meio resmungando as peripécias de sua vida passada. Santa Rita de Cássia foi, salvo engano, a primeira grande experiência de Antonio Candido com a História e com as temporalidades, sempre desiguais conforme as variações dos espaços. Foi ali que sua imaginação ganhou corpo, foi onde nasceu o talento narrativo que o caracterizou.

ESCUTAR, IMAGINAR, NARRAR

Desde sua morte, muitos depoimentos sublinharam a capacidade que Antonio Candido tinha de ouvir. Penso que sua sensibilidade e sua forma mental se constituíram, em grande parte, por meio do ato de escutar, do qual decorreu sua habilidade e prazer em narrar e, não menos importante, sua notável imaginação. Desde a infância começou a colecionar uma infinidade de histórias, guardando-as como se constituíssem um gigantesco novelo de destinos, tragédias pessoais, anedotas, intrigas, boatos, acontecimentos importantes ou comezinhos, reais ou imaginários, fatos históricos, possibilidades. Vida afora, a cada encontro familiar, desenrolava seu novelo e expunha o acervo de histórias acumuladas. O interesse legítimo e generoso pelos outros era inseparável do interesse pelas histórias dos outros, que acabavam se tornando suas e se fundindo na memória. O belo texto que minha filha Maria Clara escreveu logo após sua morte é um testemunho do impacto desse novelo de histórias sobre três gerações de descendentes seus.

De Siá Vitória, catacega e resmungona, guardou a narrativa da revolta por ela chefiada no final da escravidão, não longe de Santa Rita de Cássia, quando o plantel da fazenda onde vivia não mais suportou os maus tratos do senhor, que ela qualificava como sendo muito desumano. Fascinado pela história particular e intuindo a história nacional que se misturava a ela, o menino se interessou cada vez mais pela ex-escrava, queria saber onde nascera, se tivera filhos, se fora casada. Ela respondia que sim, tivera filhos mas nunca se casara. "Mas Tia Vitória, se a senhora não casou como é que teve filhos? A senhora teve filhos sem ter tido marido?" Ela fechava o semblante, resmungava mais que do costume e respondia: "Tive filhos. Meus mais do 'Seu' Joaquim Jacó". O menino, curioso e perguntador, insistia: "Mas Tia Vitória, esse 'Seu' Joaquim Jacó então era o seu marido? A senhora falou que não tinha marido..." E ela, cada vez mais reticente, a expressão cada vez mais sombria: "Filhos meus mais do 'Seu' Joaquim Jacó. Meus mais do 'Seu' Joaquim Jacó. 'Seu' Joaquim Jacó era meu patrão".

Da escuta curiosa ante os relatos dos parentes e amigos mais velhos colheu histórias das famílias e da região. Examinou com cuidado as fotografias que lhe mostravam, e com o tempo e a notícia de que se interessava por aquelas velharias vários foram os que o presentearam com pequenas coleções privadas. Integram hoje o conjunto de aproximadamente cinco mil fotografias que acabamos de doar ao Instituto de Estudos Brasileiros da Universidade de São Paulo: fotografias de outras famílias, que se juntaram às da sua, como ocorrera com as histórias alheias que também colecionou vida afora.

Em 1928, a vida profissional de meu avô, médico clínico que ia se tornando reumatologista, levou a família à Europa, onde permaneceram até 1929, a maior parte do tempo em Paris mas com pequenas estadias na Itália, na Alemanha e em regiões da Europa Central. Meu pai tinha dez anos, os irmãos oito e sete. Data dessa época um vasto repositório de histórias que preenchiam o cotidiano dos três meninos, a maior parte das vezes imaginadas por Antonio Candido mas recebendo preciosas colaborações dos menorzinhos. Donos de pensões, hóspedes, funcionários de hotéis ganharam apelidos e se tornaram protagonistas de episódios fictícios, que crescemos ouvindo, entre caretas e trejeitos de meu pai em verdadeiras encenações teatrais domésticas, análogas àquelas com que sua mãe e tias haviam-lhe embalado a infância. De dois hóspedes, ou talvez das histórias infantis ouvidas com frequência, os três irmãos extraíram elementos para criar Seu Besouro e uma sapa casada, que ele cortejava com insistência. Magrinho, encardido, recurvado, vestido de fraque preto, seu Besouro andava nas pontas dos pés e cantarolava, andando em direção ao objeto do desejo: "Potim, Potim de Pimenta; Potim, Potim de Pimenta..." A gordíssima sapa sorria dengosa, os olhos lânguidos, e murmurava com o canto da boca: "Seu Besouro, seu Besouro, acho bom parar... Seu Besouro, seu Besouro, isso pode acabar mal..." Tenho a vaga lembrança de que o modelo da sapa havia sido certa Dona Rosa, hóspede de uma pensão em que meu avô e a família haviam permanecido por algum tempo, gordíssima também e sempre às voltas com caretas provocadas pelo mal-estar de uma dispepsia que não lhe dava trégua. A personagem que inspirou o besouro raquítico perdeu-se para todo o sempre nas brumas da memória.

Salvo engano, foi ainda na estadia europeia que a imaginação dos três meninos gerou um monstro que apavorou nossas infâncias, composto, como no conto maravilhoso, de partes desconexas que variavam conforme o gosto dos seus criadores e as circunstâncias do momento: escamas de peixe, olhos de sangue, dentes pontiagudos, baba venenosa, cheiro pútrido, asas de dragão, cabeça de tigre, pés de cabra e assim por diante, o conjunto aterrador sendo batizado de Angústia Malangosa.

A partir de 1930 a família mudou-se para Poços de Caldas, sempre em função das atividades profissionais de Aristides. Pela cidade, conhecida na época graças à excelência das águas minerais, passavam pessoas de vários pontos do Brasil, da América do Sul e também da Europa, alimentando o arsenal de histórias de Antonio Candido. Poços contava com pelo menos uma ótima livraria, a Vida Social, decisiva na formação da primeira biblioteca de meu pai. Não sei se foi então que comprou o romance *Beau Geste*, de Percival Christopher Wren, mas foi durante os primeiros anos ali vividos que os três meninos se habituaram a encenar passagens do romance, cujos protagonistas principais eram justamente três irmãos muito unidos.

Se *Beau Geste* os transportava para o universo da Legião Estrangeira em atuação no norte da Africa, a educação familiar se empenhava em despertar o amor pelo país, como foi praxe nas primeiras gerações da jovem República, que exilara havia pouco a família imperial e procurava varrer do horizonte a sombra da escravidão. De noite, após o jantar, Aristides reunia a mulher e os filhos e lia trechos de livros que considerava importantes para a formação de jovens patriotas, como *A Retirada da Laguna*, do Visconde de Taunay, e *Os Sertões*, de Euclides da Cunha. Penso que a vida real, a ficção e a história alimentaram indistintamente a imaginação dos três meninos, estimulando em meu pai a capacidade de colecionar narrativas e contá-las aos outros, sua primeira plateia tendo sido essa fratria muito unida.

As histórias sobre a época de Poços de Caldas constituem um capítulo à parte. Dentre as mais saborosas figuram as longas conversas com seu amigo telegrafista, um sergipano que falava bonito, pressionara a nora para que desse à criança da qual estava grávida o nome de Adis-Abeba e que, em certa comemoração pública, cujo caráter preciso não me ocorre no momento, discorrera por algumas horas sobre qual a maior brasileira que existira, se Clara Camarão ou Joana Angélica. Foi em Poços que entrou em sua vida um dos vultos mais originais daquela galeria particular de personagens, o grande amigo Mansur Fraya, cujos filhos foram igualmente dois de seus maiores amigos. "Seu" Mansur o pôs em contato com a história do Oriente Próximo, com a vida dos sírios que chegavam ao Brasil, seus sucessos e revezes, as relações que estabeleceram com as velhas elites locais decadentes. Notável abertura para outros horizontes e para outros mundos, marcando a passagem da adolescência para a juventude ocorreu ainda por meio do convívio com Teresina Carini Rocchi, Dona Teresina, pessoa a quem quis um bem enorme e a quem dedicou um dos mais belos ensaios que escreveu, publicado no livro *Teresina etc*. Personagem originalíssima, Dona Teresina, suas paixões, furores, manias, excentricidades e ideias políticas constituíram um dos grandes temas das histórias contadas por meu pai até o fim da vida. Notável, a meu ver, o episódio da bebedeira tomada por essa senhora italiana e anarquista quando da execução de Mussolini, e que partilhou com seu gato, que reputava antifascista ferrenho, capaz de mover negativamente a cabeça quando indagado sobre a opinião que tinha do líder italiano.

Uma vez casado, Antonio Candido incorporou as histórias da família de Gilda, minha mãe, desenroladas em regiões diferentes das que lhe eram conhecidas até então. Histórias passadas ao Sul, na fronteira com as terras espanholas, onde um antepassado se engajara nas guerras da Cisplatina portando um estranho chapéu – na verdade uma carapuça usada na época pelo exército português – conforme retratado numa pintura que minha avó materna vislumbrara em pequena. Invencionices como a do fantasma que um de meus bisavós, jornalista, alardeava existir em certo bairro curitibano para manter entretidos os leitores. Tragédias nacionais, como a da execução de parentes antiflorianistas na serra de Paranaguá. Transformações econômicas, como a abertura das terras do oeste paulista à cultura do café, abraçada pela família de meu avô materno. Capítulos das lutas interoligárquicas da República Velha, como o terrível linchamento de Araraquara, cujos detalhes Antonio Candido escutou vezes sem conta da boca de uma testemunha ocular, Pio Lourenço Correia, tio-avô de minha mãe. Pio Lourenço, o tio Pio, passaria com o casamento a integrar para sempre o panteão particular de meu pai, trazendo ainda dezenas de histórias extraordinárias que coloriram o cotidiano doméstico e compuseram nossa antologia familiar.

Com o passar do tempo, histórias se somaram a histórias, e Antonio Candido foi se interessando pelos relatos dos colegas e amigos. De seu mestre Fernando de Azevedo sabia várias, uma das mais bonitas sendo a do casamento dos avós: ele, rapaz de seus vinte e seis anos, ela, menina de treze, que por cerca de três anos preferira, na hora de dormir, brincar de boneca com as escravas em vez de se recolher com o marido. Respeitoso e paciente, ele esperou que a mulher deixasse para trás a infância e viveram felicíssimos até que, quando ela não contava mais do que trinta anos, ele a deixasse viúva para o resto da vida.

O CONTADOR PARTICULAR DE HISTÓRIAS

Na estante de nossa casa havia uma coleção de livrinhos velhos das Edições Melhoramentos que foram, por duas gerações, o objeto do desejo das filhas e dos netos de Antonio Candido. Eram meio pardos, meio amarelados, havia na capa o desenho em traço fino de uma velhota que lia cercada por crianças e a lombada era coberta por uma tirinha de pano colorido: azul, verde, grená, vermelho ou marron, cores prováveis mas já bastante indefinidas quando começamos a nos dar conta da existência daquele tesouro. Se alguns volumes continham narrativas conhecidíssimas, extraídas das coletâneas dos Grimm ou das obras deixadas por Perrault e Andersen, guardavam-se ali histórias que nunca vi em nenhuma outra publicação, como *A Festa das Lanternas*, e passagens mitológicas, como as aventuras de Jasão e dos Argonautas. As ilustrações eram lindas, ora em preto e branco, ora aquareladas, fazendo a imaginação voar quase tanto como a leitura que nosso pai fazia em voz alta desde que nos entendíamos por gente. Lembro-me de promover certames com as irmãs, os primos e mais tarde as filhas para saber qual a história mais bonita: *Os Cisnes Selvagens*, *A Borboleta Amarela*, *As Doze Princesas*, *O Sargento Verde* e *As Três Cabeças de Ouro* disputavam quase sempre a melhor colocação.

Não me lembro que meu pai contasse histórias de dia, e não sei se adotava propositadamente o refrão de Mário de Andrade, conforme o qual quem contava história de dia criava rabo de cotia. Depois do jantar, contudo, era hora de contar histórias, como o avô Aristides instituíra, mais de trinta anos antes, nas sessões com a família em Poços de Caldas. As nossas sessões domésticas, ocorridas nos anos de 1960 sobretudo em São Paulo ou Poços mas também, com menor frequência, na fazenda de meus avós maternos na região de Araraquara, eram às vezes lidas, às vezes narradas, a depender, creio eu, do cansaço do narrador naquele dia. Minha irmã mais velha crescera e se mudara para o Rio, éramos a partir de certa altura sempre duas em torno de nosso pai, cada uma de um lado, Marina, a caçula, e eu, a do meio. Podia haver certa tensão caso nos fosse facultada a possibilidade da escolha, já que Marina preferiria sempre a do *Macaco Que Perdeu o Rabo* e que no fim ganhava uma viola com a qual partia, feliz da vida, para Angola, enquanto eu insistia nas de príncipes, princesas, órfãs, bruxas e anões malvados, como *Rumpelstiltskin*. Marina tornou-se africanista, eu estudiosa das sociedades de Antigo Regime, e talvez tudo se explique pelas histórias então ouvidas...

Mas havia uma terceira modalidade, talvez calculada para despertar em nós o aguilhão inventivo, talvez totalmente fortuita, devida a um dia de trabalho mais puxado. Nosso pai dava três palavras para que com elas contássemos uma história. Caso a história se prolongasse demais ele se impacientava um pouco, reclamando que era preciso ter espírito de síntese. Eu não tinha nenhum, o que o levava sempre a elogiar a brevidade com que Marina liquidava as três palavras e a imitar, com uma ponta de caçoada, a minha narração errática, cheia de detalhes e com desfecho pouco evidente.

Com frequência ele se recostava no sofá da sala para ouvir música. Quando éramos bem pequenas, punha-nos a escutar o *Pedro e o Lobo* de Prokofiev e contava a história, que me dava um medo terrível. Lembro-me também de chorar muito, por volta dos cinco anos, quando ouvia o *Trenzinho Caipira* de Villa-Lobos, que minha imaginação assustada via correr pelo mundo afora sem pai nem mãe, sem ter quem lhe contasse histórias e aconchegasse como nosso pai fazia conosco. Quando estava tristonho ou preocupado, gostava de ouvir *A Viúva Alegre*, de Lehár: falava-nos do enredo, pois não entendíamos nada da cantoria em alemão, e ia traduzindo trechos das árias. Até o fim da vida repetia que *A Viúva Alegre* lhe lavava a alma e espantava as preocupações. Com o tempo, por volta dos treze anos, tornei-me sua companheira nas óperas, das quais me dava o libreto para ler ou, antes do espetáculo, narrava a história e destacava as cenas principais. A primeira ópera a que me levou foi o *Rigoletto*, quando moramos em Paris, e penso que junto com minhas irmãs, mas certamente sem nossa mãe, avessa a óperas e afeita a formas mais contemporâneas de expressão artística. Juntos vimos muitas outras: *La Gioconda*, *Aída*, *Nabucco*, *Otelo* (esta, com o grande tenor Mario del Monaco ainda em plena forma), *La Gazza Ladra*, *La Bohème*, uma das preferidas por nós dois e da qual o primeiro e o terceiro atos eram objeto permanente de sua admiração. Mas foi sozinha que, em Paris, assisti pela primeira vez *A Viúva Alegre*, procurando, semanas após sua morte, aliviar um pouco a dor.

Conforme crescíamos, as histórias narradas por ele iam desaparecendo da vida cotidiana e as conversas sobre livros iam ganhando o seu lugar, desde que o solicitássemos para isso. Com discrição ele sugeria, vez ou outra, que lêssemos algum livro, como quando, ainda bem menina, apresentou-me um velho exemplar de *Céus e Terras do Brasil*, do Visconde de Taunay. No meu caso específico a indicação de leituras e a conversa sobre elas tornaram-se uma espécie de substitutivo quando, em 1965, frequentei a escola por apenas quatro meses e, depois, devido a circunstâncias variadas, só voltei a ter vida escolar em março do ano seguinte. Foi nessa altura que o contador de histórias cedeu lugar ao crítico, e desde então dividimos algumas manias comuns, eloquentes quanto a seu ecletismo mental: doses maciças de Alexandre Dumas – *Os Três Mosqueteiros, Vinte Anos Depois, O Visconde de Bragelonne, O Conde de Monte Cristo,* sobre o qual anos depois li um dos ensaios dele de que mais gosto – mas também o Dickens de *As Grandes Esperanças*, o Flaubert de *Salammbô* e aquela que se tornou minha paixão maior, mas não tanto a dele: *Guerra e Paz,* de Tolstoi, que contudo reconhecia como sendo, desconjuntado e mal composto – ele o dizia, não eu, claro – o maior romance jamais escrito.

Conforme chegaram os netos, o grande narrador ressurgiu, o encantamento deles reeditando o da nossa infância. E conforme os netos foram crescendo, os velhos livrinhos de lombada colorida se dispersaram, pois cada um pedia o seu exemplar preferido, e ele os dava, risonho mas, imagino, com uma ponta de tristeza por se separar daqueles que haviam sido até então seus companheiros inseparáveis, e por ver a prateleira que ia se desmanchando até desaparecer por completo. O que doamos agora, com sua biblioteca, foi *O Tesouro da Juventude*, fonte de muitas das histórias aprendidas por ele desde quando, ainda em Santa Rita de Cássia, Aristides chamara os filhos para ajudarem-no a desencaixotar a coleção encomendada como presente para eles, e que chegara no começo da noite, trazida por outra personagem da infância de Antonio Candido, o negro Paulo Carreiro e seu carro de boi, a ranger sob a chuva forte.

Nos anos finais de sua longa vida, a narração de histórias, privadas e públicas, voltou a ser uma constante na vida familiar. Nos almoços de domingo ele se estendia por horas a contar fatos vividos ou ouvidos, desenrolando diante de nós, filhas, genros, netos, bisnetos e amigos que ali estivessem, o novelo mágico meticulosamente guardado anos a fio.

2

Aquele Casal

Carlos Augusto Calil

CINEMA BELAS-ARTES, manhã de um sábado de junho de 1972. Paulo Emílio promovia uma sessão especial dos filmes documentários que abordavam a Semana de Arte Moderna, por ocasião de seu cinquentenário. Para a realização de muitos deles, Paulo Emílio havia contribuído indiretamente, pela sua decisiva atuação na Comissão Estadual de Cinema, vinculada à Secretaria de Cultura do Estado de São Paulo.

Do programa constavam *Klaxon*, de Sérgio Santeiro, *Sua Majestade Piolin*, de Susana Amaral, *Victor Brecheret*, de Plácido de Campos Jr. e *Acaba de Chegar ao Brasil o Bello Poeta Francez Blaise Cendrars*, meu primeiro filme profissional, feito quando ainda estudante do Curso de Cinema da USP. A sessão fora organizada para Gilda e Antonio Candido, que levaram a tiracolo Alexandre Eulálio, acabado de aterrissar de Veneza, onde fora leitor brasileiro na Università degli Studi, em Cà Foscari.

Ao final, era visível o desconsolo de Gilda, frustrada com a insistência de um dos filmes na disputa entre os Andrade, tomando o partido de Oswald – justamente ele que mal havia participado da primeira revista modernista. De todo modo não creio que o casal tivesse ficado particularmente impressionado por nenhum dos filmes.

Não fui aluno nem de Candido nem de Gilda para azar meu; minha relação com ambos foi mediada por Paulo Emílio. Em 1977, essa relação ganhou outra dimensão, atingindo o plano afetivo, com o abraço com que Gilda me acolheu no enterro de Paulo Emílio. Ela acabava de adotar um "sobrinho".

Candido, à época, era presidente da diretoria da Cinemateca Brasileira, apenas pró-forma, pois Paulo Emílio, mesmo a contragosto, era quem a conduzia. Isso fora exigência de Sábato Magaldi e José Mindlin, secretários de Cultura da Prefeitura e do Estado de São Paulo, para franquearem apoio público à instituição. Com a morte repentina do amigo, Antonio Candido assumiu a responsabilidade política da Cinemateca e delegou a condução aos discípulos de Paulo Emílio, com o seguinte trato: sempre que precisássemos, poderíamos contar com ele. E foi de fato o que aconteceu. Como membro do Conselho Consultivo, sua assinatura consta da ata de incorporação da Cinemateca à Fundação Nacional Pró-Memória em 1984.

Cinemateca e Paulo Emílio eram os assuntos dos nossos encontros. Eu aproveitava a ocasião para informá-lo regularmente dos planos de publicação da obra do amigo, que havia deixado muito texto inédito em livro. Para uma dessas publicações, Candido ofereceu um caloroso retrato:

> Paulo Emílio era um homem fabuloso, muito além dos superlativos. Quem o conheceu sabe disto, apesar da discrição extrema que havia no fundo de sua exuberância. Morto, faz lembrar o verso de Mário de Andrade: um sol quebrado.
>
> Eu o conheci no fim de 1939, quando ele voltava de um exílio aliás muito divertido na Europa, para onde fora no começo de 1937 depois de uma fuga aventurosa e pitoresca do Presídio do Paraíso, que coroava um ano e pouco de prisão, começada em dezembro de 1935 no dia em que fez dezenove anos. Desde então ficamos amigos e eu sofri a sua influência insinuante: em política, cinema, concepção de vida. Nós éramos de temperamento diverso, mas ele sabia aceitar e se dar aos outros com uma generosidade incrível, feita de interesse real pelo próximo, o que é raro[1].

Entre as histórias cômicas envolvendo Paulo Emílio, Candido lembrava o comportamento do pai dele, o Dr. Sales Gomes, diretor do Hospital dos Leprosos, que procurou o delegado Egas, do Dops, logo depois da fuga espetacular do filho da Prisão do Paraíso. Temeroso, com razão, da tortura que se praticava nos porões da delegacia no Pátio do Colégio, disse o Dr. Sales Gomes – "tocando no meu filho, eu mato o senhor" – e negociou o exílio

---

1. Paulo Emílio Sales Gomes, *Cinema: Trajetória no Subdesenvolvimento*, Rio de Janeiro/São Paulo, Embrafilme/Paz e Terra, 1980 (orelha).

"voluntário" a Paris. Esse delegado Egas não nutria muita simpatia pelo jovem prisioneiro insolente que o saudava sempre com um "Bom dia, Dr. Éguas", ao que não reagia[2].

Candido contava com muita malícia que após o assassinato de Décio Pinto de Oliveira, estudante de Direito e membro da Juventude Comunista, no confronto entre integralistas e comunistas ocorrido na Praça da Sé em 1934, Paulo Emílio e Décio de Almeida Prado foram fazer uma visita de pêsames à mãe viúva.

A propósito de algum esclarecimento, a mãe explicou que o filho tinha "Pinto dos dois lados", na verdade dois Pintos: o Pinto pela parte do pai e o Pinto do avô. Mas o filho não puxara o Pinto do pai, puxou o Pinto do avô. Esse avô Pinto era bravo, muito bravo. Paulo Emílio e Décio, mal se aguentando, abandonaram a sala para rir.

No capítulo relativo à política, Candido fazia questão de frisar que Paulo Emílio fora o mentor dele e dos companheiros de *Clima*. O posicionamento da revista, os editoriais, tudo emanava de Paulo Emílio ou era por ele influenciado. Ele chamou três integralistas para colaborarem em *Clima*: Roland Corbisier, Almeida Sales, Lauro Escorel. Lourival e Antonio Candido se posicionaram contra ao que Paulo Emílio retrucou: "Prefiro integralistas que vocês apolíticos".

Segundo Candido, Paulo Emílio exercia uma liderança natural sobre eles. Os grupos se organizavam em comunistas – Caio Prado Jr., Mario Schenberg, Artur Neves, Carlos Lacerda – e socialistas – Paulo Emílio, Germinal Feijó, Antonio Candido –, que se reuniam na sala deste, na Faculdade de Filosofia. Nas brigas, Candido harmonizava.

Carlos Lacerda dizia que não se podia levar Paulo Emílio a sério politicamente. A pessoa confiável era o Caio Prado Jr. E perguntava: "Por que não se reuniam mais?" Caio Prado respondia: "Não nos vimos mais porque o Paulo Emílio não quis". Ao que Paulo retrucava: "Não adiantava mesmo".

O Congresso Brasileiro de Escritores, que transcorreu em janeiro de 1945, foi preparado por um grupo, que se reunia no ateliê de Bruno Giorgi, no final de 1944. Dele participaram Lourival Gomes Machado, Paulo Emílio, Antonio

---

2. O Dr. Éguas se tornará personagem do texto inacabado *Cemitério*, publicado pela CosacNaify em 2007.

Candido, Artur Neves, Mario Schenberg, Caio Prado Jr. Paulo dizia que o Congresso seria o momento ideal de proclamar a denúncia da ditadura, mas Caio Prado objetava: "De jeito nenhum, isso afastará os liberais".

Num texto escrito em 1986, especialmente para a antologia *Paulo Emílio um Intelectual na Linha de Frente*, intitulado "Informe Político", Candido narra em pormenores a saga da Esquerda Democrática, conduzida por Paulo Emílio e acompanhada de perto por ele. Ao fim a Esquerda Democrática desembocou na candidatura do Brigadeiro Eduardo Gomes e na criação da UDN – União Democrática Nacional. O desapontamento levou Paulo Emílio a desistir de atuar na política: "Não tenho jeito pra coisa".

Nesse embrulho ideológico, muito comum no Brasil, quando saía algum artigo ou declaração na imprensa que afirmava ou insinuava que Paulo Emílio fora trotskista, Candido me advertia firmemente: Paulo Emílio nunca foi trotskista. Parecia aflito em impedir que esse equívoco prosperasse. Gilda, que participava discretamente das conversas, destacava a coragem, mas também a crueldade do amigo. Dizia que ele podia ser muito cruel com as pessoas.

Uma dessas visitas foi interrompida pela chegada de um grupo que ia entrevistar Antonio Candido. Gilda me puxou para uma conversa paralela em torno da mesa de jantar. Abordei a questão reincidente do débito político de Candido em relação a Paulo Emílio. Ela afirmou que, na verdade, Candido tinha outro débito ainda mais acentuado com o pai, Dr. Aristides, que não tinha recebido o reconhecimento que merecia enquanto ele o teria em demasia.

Em 1946, completamente frustrado com a política, Paulo Emílio resolve voltar a Paris para estudar cinema, sem maiores explicações. Os amigos estabelecem correspondência, cada um informando os acontecimentos com reciprocidade.

Numa carta de 23 de maio de 1947, Antonio Candido comenta a grave situação política brasileira, com o fechamento do Partido Comunista Brasileiro e as restrições às liberdades; faz considerações sobre o aumento de quadros trotskistas resultante do silêncio de Luís Carlos Prestes, a perplexidade dos jornais socialistas, dos partidos e dos sindicatos; comenta a ameaça de ditaduras no Brasil e em toda a América Latina. Eis um trecho:

Gomes:

E qualquer coisa de grave paira no ar. Entre os Iatmul, da Nova-Guiné inglesa, há um negócio chamando *ngglambi*, que o antropólogo [Gregory] Bateson traduz por *infectious guilt*; um azar, uma coisa que solidariza os indivíduos num crime, por exemplo, e que leva clãs inteiros a se destruir uns aos outros, porque uma velha deu um pontapé na outra, e todos os parentes se acham comprometidos pelo *ngglambi*. E pode se estar certo que o referido camarada ou a casa estão fritos. Pois acho que há um vastíssimo *ngglambi* pairando sobre o Brasil e toda a América Latina. Uma culpa, um azar infeccioso e contagiante que pressagia o diabo e envolve todo mundo na mesma pena, inocentes e culpados³.

Um testemunho do afeto e admiração de Paulo Emílio se encontra no diário inédito, com data de 20 de novembro de 1963:

Ontem no coquetel falei a Caio [Scheiby] sobre o livro que combinamos preparar juntos sobre cinema brasileiro. [...] Nenhum diretor da FCB [Fundação Cinemateca Brasileira] foi ao coquetel. [...] Antonio Candido não foi porque nós não dissemos a ele para ir. Como é o único que leva a cousa a sério nós só o convocamos quando é indispensável. Faz umas duas semanas que não vejo o meu amigo querido, certamente o mais querido, que certamente me intimida e que provavelmente eu intimido também, um pouco. Mas como gosto dele e como o admiro! No fundo sou mais cerimonioso com ele de que com Décio [de Almeida Prado] que é meu amigo há muito mais tempo⁴.

Um segundo tema recorrente nas conversas com Candido era a genealogia. Com um conhecimento extraordinário da sua própria família e das famílias de Minas, lastreado na *Nobiliarquia Paulistana*, de Pedro Taques, Antonio Candido arranjava um jeito de nos tornar a todos seus primos.

Sabendo que minha mãe tinha ancestrais Xavier de Mendonça, Candido afirmava que a família dela era originária de São João del Rei, assim como sua mãe, que era Carneiro de Mendonça. Definiu a data da migração de meus ancestrais mineiros a Brotas e Araraquara, em meados do século XIX, como consequência da derrota da Revolução Liberal, na qual estiveram envolvidos.

Da família de Alexandre Eulálio, cujo sobrenome era Pimenta da Cunha, Candido rememorava um parente louco, que vivia acorrentado, um tal Israel "da chácara" Pimenta, deflorador de moças, que tinha três bagos, e Mesofonte de Castro, dentista de Forquilha, cidade próxima de Santa Rita (MG), cujo

---

3. Fundo Paulo Emílio, Cinemateca Brasileira, São Paulo.
4. *Idem*.

filho se chamava Hitler Pimenta. O avô Antônio Eulálio, de quem Alexandre resgatou o sobrenome, era mulato, e por fim o alferes João Pimenta de Abreu, de Candeias, fundador da cidade de Passos, em Minas, era trisavô de Antonio Candido e tetravô de Alexandre Eulálio.

Minha evocação de Gilda é antes de tudo afetiva. O abraço acolhedor é uma marca indelével na nossa relação. Já a minha enorme admiração intelectual decorre de várias condições, principalmente do seu temperamento que se impôs num mundo onde apenas o masculino podia brilhar, em que "ao homem cabem a iniciativa e o senso da aventura" e "para a mulher, as únicas alternativas de carreira são o casamento e o magistério"[5].

O trajeto intelectual foi feito de aposta e originalidade; Gilda abraçou temas menores, como moda e cinema, que transformou em maiores, pela qualidade do olhar crítico. Ela sempre fala de um ponto de vista próprio. Admiro especialmente a mirada descentrada, que produziu ensaios exemplares sobre a moda do século XIX, sobre Fellini, Glauber, Joaquim Pedro, e, sobretudo, Antonioni, provavelmente entre as melhores análises já feitas da obra dele. Sua leitura parece mesmo insuperável.

O Espírito das Roupas, que levou trinta anos para ser reconhecido, é, além de outras qualidades, um sofisticado manual de leitura para o álbum de retratos de família.

Em "Paulo Emílio, a Crítica Como Perícia", avaliação da tese de doutorado sobre a formação artística de Humberto Mauro, publicada com o título *Humberto Mauro. Cataguases. Cinearte*[6], Gilda aponta a predominância do "apelo das coisas, do real, dos acontecimentos e das obras", a recusa da novidade intelectual, a presença do perito como "conhecedor, cuja carreira deriva menos de um sistema ou teoria que da prática da arte".

Reconhece na obra de Paulo Emílio o papel da sua "grande fantasia", que não o impede, antes pelo contrário, de elaborar a análise formal da obra. Esses elementos encadeados valem por um manifesto da sua geração. Paulo Emílio particularmente com "o esplendor de sua imaginação", alcançou "uma tonalidade brasileira inconfundível"[7], a mesma que ela buscou no pintor Almeida Júnior.

---

5. Gilda de Melo e Sousa, *O Espírito das Roupas*, São Paulo, Companhia das Letras, 1987, pp. 7, 57, 90.
6. Paulo Emílio Sales Gomes, *Humberto Mauro. Cataguases. Cinearte*, São Paulo, Perspectiva, 1974.
7. Gilda de Melo e Sousa, *Exercícios de Leitura*, São Paulo, Duas Cidades, 1980, pp. 212, 214, 215, 219, 220.

A reserva burguesa, a indiferença pela militância política, o apreço pela intimidade e suas manifestações artísticas, levou-a a comentar *Violência e Paixão* de Luchino Visconti numa entrevista iluminada, concedida ao Programa Belas-Artes de um canal de televisão a cabo, em 1992[8].

Nessa entrevista, a elegância de Gilda está perfeitamente integrada entre vestuário, modo de falar, modo de pensar, serenidade. O som emitido pelas suas pulseiras em movimento marcou minha lembrança desde o momento em que a conversa foi gravada no estúdio da TVA, no Sumaré, nos antigos domínios da TV Tupi.

A transcrição dessa entrevista recebeu o título "A Morte da Intimidade", quando publicada em *Esplendor de Visconti*, catálogo da primeira retrospectiva completa da sua obra, ocorrida no Centro Cultural São Paulo, em 2002. Esse mesmo texto foi depois aproveitado na antologia *A Palavra Afiada*[9].

Nesse ano de 1992, procurei-a para orientar-me na realização de um vídeo que viria a se chamar *Adorável de Se Ver*[10], produzido para uma exposição sobre moda, realizada pelo Sesc. Gilda mostrou-me o número *So Near And Yet So Far*, dançado por Fred Astaire e Rita Hayworth no filme *You'll Never Get Rich* (1941). O destaque estava na roupa de Rita, um vestido de tule sobre um corpete que concedia ao movimento gracioso da estrela um rastro, uma linha gráfica.

Astaire, que Gilda considerava um dos grandes artistas do século XX, era econômico. Seu corpo ficava "reduzido ao suporte do gesto. A beleza do gesto é pura, livre, autônoma e descarnada". Fred Astaire foi "um dançarino gráfico, puro arabesco sem cor"[11]. Aprendi a ler a moda – e a dançar – pelas mãos de Gilda.

Gilda era naturalmente elegante,
Portasse uma sonante pulseira,
Ou um mudo anel,
Emprestado do retrato de uma dama pré-renascentista.

---

8. Ver no endereço https://www.youtube.com/watch?v=IMb9nUHv9GY.
9. Walnice Nogueira Galvão (org.), *A Palavra Afiada*, Rio de Janeiro, Ouro sobre Azul, 2014.
10. Ver no endereço https://www.youtube.com/watch?v=fkptxais7Ng.
11. Gilda de Melo e Sousa, "Notas sobre Fred Astaire", *A Ideia e o Figurado*, São Paulo, Editora 34, pp. 104, 172, 178.

O olhar apurado apreendia as
Formas em movimento,
Na tela do cinema ou na tela do pintor,
Na vestimenta ou no gesto.

Do caipira paulista de Almeida Júnior
Do "dançarino gráfico",
Persona universal de Fred Astaire.

Perseguiu na roupa suntuosa da avó do marido
Ou no vestido de tule de Rita Hayworth
Um "estilo de existência",
Que harmonizasse a índole da mulher
À exigência do quotidiano.

Senhora dos adjetivos, escritora sóbria,
Ensaísta informada, exerceu a crítica
Com olhar compreensivo,
Ou implacável.
Severa com a vulgaridade e
A facilidade ideológica.

Amiga de Antonioni,
Protetora de Fellini,
Íntima de Visconti,
Compaixão de Mário de Andrade.

Figura suave,
Saudade.

3

Afeto e Convicção Política na Trajetória de Antonio Candido

MAX GIMENES

ANTONIO CANDIDO DE MELLO E SOUZA (1918-2017) foi, possivelmente, um dos maiores intelectuais brasileiros do século XX, sobretudo no terreno de sua especialização acadêmica definitiva, a crítica literária. Mas sua atuação, tanto quanto seu pensamento, sempre estiveram marcados pela diversidade. Embora tenha se consagrado como crítico literário, Antonio Candido foi também professor e pesquisador nas ciências sociais, além de militante político. E em cada uma dessas frentes de atuação buscou combinar a inspiração marxista de sua perspectiva com as outras tradições existentes, como o *new criticism* na crítica literária, a antropologia de língua inglesa nas ciências sociais e o ensaísmo de interpretação do Brasil na militância política.

Penso que essa diversidade de seu pensamento não era algo casual, mas expressão de um certo "modo de ser" capaz de se traduzir de diversas formas nas mais variadas esferas de atuação, desde as relações afetivas até a militância partidária, passando pela própria produção especializada de conhecimento. Chamemos esse "modo de ser", por ora, de "socialista" e o definamos, preliminarmente, como respeito moral pela alteridade e consequente disposição de abertura e interesse verdadeiro pela perspectiva do outro, sobretudo se subalterno, ou seja, em posição desfavorável em uma relação social assimétrica. Considerando que os modos de ser dos indivíduos não são inatos mas condicionados socialmente, neste breve ensaio buscarei rastrear a formação desse "modo de ser" socialista de Antonio Candido, com ênfase na influência de algumas relações de afeto, bem como procurarei reunir pistas que evidenciem o significado desse "modo de ser", a partir de reflexões maduras que o próprio crítico desenvolveu sobre essas relações afetivas, embora estas, naturalmente, concentrem-se no período de sua juventude. Como a trajetória de Antonio Candido é muito diversa e extensa, alguma periodização se impõe.

É possível, do meu ponto de vista, dividir a trajetória de Antonio Candido em três fases, tendo como eixo a preocupação política, porém levando em consideração também o restante de sua atuação. São elas: a já mencionada Juventude (até 1954), o Amadurecimento (entre 1954-1973) e a Maturidade (de 1973 em diante). Vejamos cada uma dessas três fases com um pouco mais de detalhe, sem perder de vista, no entanto, que essa periodização é apenas uma esquematização, necessariamente um pouco arbitrária e simplificadora.

A fase de Juventude de Antonio Candido é marcada pelo abandono de uma visão de mundo de família de classe dominante e por um crescente interesse pelo socialismo, do qual resultou seu ingresso em ciências sociais, orientado pela crença equivocada de que essa doutrina política seria objeto de estudos no curso. Trata-se do momento de sua mudança para São Paulo, em 1936, e de seu posterior ingresso na então Faculdade de Filosofia, Ciências e Letras da Universidade de São Paulo (FFCL-USP), em 1939. Essa fase é marcada também pelo início de sua intervenção na imprensa como crítico literário, primeiramente na revista *Clima*, entre 1941 e 1944, e depois no rodapé de grandes jornais da época, entre 1943 e 1947, além do começo de sua docência, em 1942, como professor assistente da cadeira de Sociologia II da FFCL-USP, e de sua organização como militante político, a partir do fim desse mesmo ano. Da tentativa de conciliar essas atividades diversas, adviria sua preocupação fundamental e duradoura com a busca de combinar atividade acadêmica profissional, tomada de posição política e diálogo com públicos extra-acadêmicos. Essa fase chega ao fim com o progressivo distanciamento de Antonio Candido da sociologia, após a defesa em 1954 de sua tese de doutorado, *Os Parceiros do Rio Bonito*, e também da militância política, já então no Partido Socialista Brasileiro (PSB), após o retorno de Getúlio Vargas à presidência por via eleitoral em 1950 e o apoio de seu partido em São Paulo à eleição de Jânio Quadros, primeiro para prefeito, em 1953, e depois para governador, em 1954. Esse afastamento progressivo tanto da sociologia como da militância partidária tem seu desfecho definitivo com a transferência de Antonio Candido para o interior de São Paulo, em 1958, para lecionar literatura brasileira na então Faculdade de Filosofia, Ciências e Letras de Assis, inaugurada nesse mesmo ano.

Entre a Juventude e a Maturidade, há a fase de Amadurecimento de Antonio Candido, que foi marcada por contingências acadêmicas e históricas. Entre elas, estão a necessidade de definição profissional, após uma tentativa frustrada de migração institucional para a área de letras em 1945 e de ele ter sido preterido para substituir Roger Bastide como catedrático de sociologia em 1954, e também o cerceamento das liberdades individuais e políticas, com o golpe de 1964 e a ditadura civil-militar que se seguiu a ele. É nessa fase que estão concentrados os principais escritos de Antonio Candido em sua área de especialização. Foi nesse período, por exemplo, que ele retomou a redação do que viria a ser sua obra-prima, o livro *Formação da Literatura Brasileira*, encomenda do editor José de Barros Martins, por indicação de Mário de Andrade, após a controversa derrota de Antonio Candido no concurso que prestou em 1945, no qual havia apresentado a tese de livre-docência hoje conhecida como *O Método Crítico de Sílvio Romero*. Em 1955, ele retomou a redação do livro, que iniciara em 1946 e interrompera em 1951, e finalizou os volumes em 1957, os quais seriam publicados dois anos depois. Com o convite para lecionar literatura brasileira em Assis, a indefinição profissional se resolvia no sentido pretendido desde pelo menos 1945, porém a migração tardia demandaria, evidentemente, certo foco para consagração nesse outro domínio especializado, do qual dependia sua autoridade enquanto intelectual profissional. Se o contexto institucional de demanda por dedicação mais intensa à área de especialização, somado ao contexto histórico ditatorial, restringiu bastante o espaço para a militância política no cotidiano de Antonio Candido, essa maior dedicação aos estudos literários lhe possibilitaria, em contrapartida, conceber dois de seus mais célebres ensaios de crítica literária, "Dialética da Malandragem", publicado originalmente em 1970, e "De Cortiço a Cortiço", cuja primeira versão foi terminada ainda em 1973, embora tenha sido publicada apenas na década de 1990. A fase chega ao fim com o progressivo reengajamento político de Antonio Candido, baseado na revalorização da participação política dos intelectuais sob estímulo, entre outras coisas, da leitura de *La Generación Crítica*, livro do crítico uruguaio Ángel Rama publicado em 1972 e logo remetido ao colega brasileiro, que já no ano seguinte o tinha lido e elogiado em carta ao autor. É exemplo desse retorno ao engajamento político enquanto intelectual a participação na revista *Argumento*, publicada entre 1973 e 1974 e interrompida pela censura governamental, que só cessaria mais adiante.

Por fim, há a Maturidade, fase da trajetória de Antonio Candido marcada pela retomada do engajamento político, o que inclui uma ampla gama de atividades. Por exemplo, houve a participação de Antonio Candido na Associação dos Docentes da USP (Adusp), criada em 1976, bem como sua colaboração com a criação de associações sindicais semelhantes por todo o país. Houve também a militância pela integração regional latino-americana, iniciada de fato com a participação na Biblioteca Ayacucho, lançada oficialmente em 1974, militância que incluiu, paralelamente a esse projeto, visitas a países da região, entre os quais Cuba. Houve ainda a participação nas articulações para a fundação de um novo partido de tipo socialista no Brasil, que começaram já a partir de 1976 e afinal convergiriam para a fundação do Partido dos Trabalhadores (PT), em 1980. Essa é a fase da consagração de Antonio Candido e também de sua aposentadoria da universidade, em 1978. Em contexto de maior liberdade, tanto por sua aposentadoria como pela redemocratização, Antonio Candido pôde se voltar mais para o cuidado com a memória, concedendo entrevistas sobre a própria trajetória, escrevendo perfis de conhecidos e buscando sistematizar sua experiência e ideias políticas. Foi nessa fase, por exemplo, que surgiram seus livros considerados mais "políticos", como *Teresina etc.*, de 1980, e a terceira edição de *Vários Escritos*, de 1995, os quais serão citados mais adiante, além das variadas tentativas relativamente dispersas de formular a ideia do "radicalismo das classes médias" no Brasil, o que teve início com uma entrevista publicada em 1974 e se prolongou até a famosa palestra "Radicalismos", de 1988, passando pelo *"Post Scriptum"* que, em 1986, ele acrescentou a seu célebre prefácio de 1967 ao livro *Raízes do Brasil*, de Sérgio Buarque de Holanda. Entre as atividades no PT, vale destacar a coordenação dos seminários nacionais de formação intitulados Socialismo e Democracia, realizados entre 2000 e 2001. Após a chegada do partido à presidência, na eleição de 2002, Antonio Candido se afastou da militância partidária, manifestando-se apenas em casos extremos, como por exemplo no *impeachment* de Dilma Rousseff.

Traçado esse panorama da trajetória de Antonio Candido, passemos agora a algumas das relações de afeto importantes para a formação de sua convicção política sobre o socialismo como "modo de ser" – e, também, à busca por trazer à tona o significado dessa ética socialista.

OS IRMÃOS ANDRADA E SILVA E A ACADEMIA GINASIANA DE LETRAS

Não seria exagero afirmar que os interesses intelectuais de Antonio Candido começam e terminam com a política, mais especificamente com a história política ocidental. Em depoimento, a historiadora Laura de Mello e Souza, filha do crítico, dá testemunho do interesse do pai por leituras relacionadas ao assunto até o fim da vida, ao lado da releitura de romances de autores clássicos, como Eça de Queirós:

> Tirando esses grandes romances, o que ele lia? História política. Então, eu que viajava, que tinha um contato com ele pela história [...] eu trazia livro pra ele, eu trazia livro de política, ele lia em dois dias. Ele não perdeu o interesse pela política até o fim da vida[1].

O próprio Antonio Candido, quando questionado sobre suas leituras atuais em uma das últimas entrevistas que concedeu, em 2011, afirmou algo parecido:

> [...] Eu releio. História, um pouco de política... mesmo meus livros de socialismo eu dei tudo. Agora estou querendo reler alguns mestres socialistas, sobretudo Eduard Bernstein, aquele que os comunistas tinham ódio. Ele era marxista, mas dizia que o marxismo tem um defeito, achar que a gente pode chegar no paraíso terrestre. Então ele partiu da ideia do filósofo Immanuel Kant da finalidade sem fim. O socialismo é uma finalidade sem fim. Você tem que agir todos os dias como se fosse possível chegar ao paraíso, mas você não chegará. Mas se não fizer essa luta, você cai no inferno[2].

Quando escreveu seu primeiro artigo, aos dezesseis anos, o tema escolhido por Antonio Candido também foi história política. Em "Um Pouco de História", texto publicado em 1934 no jornal estudantil *Ariel*, ele analisa a política externa de Bismarck durante o Segundo Império alemão. O jornal era uma

1. Disponível em: https://www.itaucultural.org.br/ocupacao/antonio-candido/apoliticopolitico/.
2. Disponível em: https://www.brasildefato.com.br/node/6819/. Acesso em: 29 mar. 2019.

publicação da Academia Ginasiana de Letras de Poços de Caldas, primeira experiência de organização coletiva de Antonio Candido, que ele compartilhou com amigos e colegas da cidade, como os irmãos Antonio Carlos e José Bonifácio de Andrada e Silva, de que falarei mais adiante. Para entendermos o interesse específico pela história política alemã, faz-se necessário, no entanto, um breve parêntese de contextualização.

Antonio Candido nasceu no Rio de Janeiro, em 24 de julho de 1918, mas passou praticamente toda a infância e adolescência no interior de Minas Gerais, primeiramente na então cidade de Santa Rita de Cássia e depois em Poços de Caldas, períodos separados entre si por uma viagem de um ano à Europa, em 1929. A viagem tinha como finalidade a realização da segunda especialização do pai médico, Aristides Candido de Mello e Souza, desta vez como requisito para que assumisse posteriormente a direção dos novos serviços termais de Poços de Caldas, que seriam inaugurados em 1931. A estadia se concentrou em Paris, porém com visitas a estações balneárias também de outros países do continente, como a Alemanha, tendo a família permanecido em Berlim durante o verão de 1929. Segundo Antonio Candido, essa experiência no exterior foi decisiva em sua trajetória intelectual. Pode-se dizer que a história europeia aprendida no período, somada ao contato com a cultura alemã, deixou marcas no menino de então somente onze anos, a ponto de ele retomar o assunto alguns anos mais tarde.

Até esse período passado na Europa, quando teve para si e para os dois irmãos mais novos uma preceptora, Marie Rohlfs de Sussex, Antonio Candido fora educado em casa por sua mãe, Clarisse Tolentino de Mello e Souza. No ano letivo subsequente à volta da viagem, ele ingressou no então chamado curso de admissão oferecido por uma professora da região, Maria Ovídia Junqueira, e depois, respectivamente, no Ginásio Municipal de Poços de Caldas e no Ginásio Estadual de São João da Boa Vista, onde concluiu os estudos secundários, em 1935. Foi nesse período que Antonio Candido passou a ter contato mais sistemático com outros jovens da mesma idade, entre os quais Spartaco Vizzoto, filho de um ex-garçom italiano anarcossindicalista. Com Vizzoto, que depois se tornaria o editor do já mencionado jornal *Ariel*, Antonio Candido chegou a compartilhar experiências intelectuais, como a descoberta e frequência a um rico acervo de livros abandonado em uma sala da prefeitura da cidade. As diferenças de posição social e de convicções políticas a esta altura, contudo, afastavam os dois meninos, que não passariam de colegas. Diferentemente do que aconteceria depois com Florestan Fernandes, amigo de origem humilde que o crítico conheceu na faculdade, quando seu "modo de ser" socialista já estava relativamente formado, podendo se expressar na esfera das relações afetivas.

Antonio Candido, até mais ou menos os catorze anos, considerava-se politicamente alinhado às posições de sua família tradicional de origem, que pertencia à fração ilustrada da classe dominante, em sua maioria proprietários de terras da região do sudoeste mineiro. Apesar de ilustrados, tendo cada um sua própria biblioteca, seus pais nesse momento não desposavam ideias de esquerda. O pai de Antonio Candido se interessava por história política, interesse intelectual que transmitiu ao filho, possuindo em seu acervo pessoal livros até mesmo sobre a Rússia soviética. Esse interesse pela política russa, contudo, como conta o próprio Antonio Candido, era muito mais por curiosidade e medo dessa novidade do que propriamente por simpatia. Foi somente aos dezesseis anos, com a amizade com os irmãos Andrada e Silva, que ele começou a se interessar pelo socialismo, antes de se tornar de fato socialista e orientar inclusive sua opção de carreira universitária por conta dessa convicção. Antônio Carlos e José Bonifácio, irmãos que tinham um ano de diferença entre si e mais ou menos a mesma idade de Antonio Candido, mudaram-se com a mãe do Rio de Janeiro para Poços de Caldas em 1933, após se tornarem órfãos de pai. Com eles, Antonio Candido teria uma relação de afeto mais próxima, reforçada pela mesma origem social e pela consequente sociabilidade afim, como a prática do tênis no Country Club da cidade. Além disso, os três tinham o hábito de discutir leituras, entre as quais Caio Prado Jr., a autobiografia de Trótski e *A História do Socialismo e das Lutas Sociais*, de Max Beer, que seriam importantes depois para imprimir um traço heterodoxo na afetividade socialista que então se formava no jovem Antonio Candido. Por fim, e não menos importante, os amigos participaram juntos da já mencionada Academia Ginasiana de Letras, fundada por José Bonifácio em 1934.

A década de 1930, entretanto, como o próprio Antonio Candido desenvolveria muitos anos mais tarde em "A Revolução de 1930 e a Cultura", texto escrito em 1980 e publicado em 1987 no livro *A Educação pela Noite*, era de polarização e de tomada de posição política para os intelectuais. Até mesmo para aqueles jovens que ainda sequer haviam completado o ginásio. Enquanto Antonio Candido e os irmãos Andrada e Silva se definiam pelo socialismo, outros colegas da Academia mais à direita preferiram a via integralista. E assim a Academia chegaria ao fim, ainda no ano de 1934.

DONA TERESINA E SEUS AMIGOS

Antes mesmo da amizade com os irmãos Andrada e Silva, Antonio Candido já conhecia Dona Teresina, a imigrante italiana Teresa Maria Carini Rocchi, que se mudara para Poços de Caldas em 1910, após ter se separado do marido, o músico de orquestra Guido Rocchi, com quem viera ao Brasil em 1890. Ela, afinal, frequentava regularmente a casa dos Mello e Souza desde pelo menos 1931. Teresina era uma senhora anarcossocialista e anticlerical – além de profundamente antifascista, convicção que, segundo contam, atribuía também ao gato de estimação, a ponto de ter compartilhado com ele o pileque que tomou para celebrar a queda de Benito Mussolini, em 1945.

É possível imaginar as dificuldades que uma senhora erudita, de esquerda e separada do marido poderia enfrentar em uma cidade pequena do interior brasileiro naquele começo de século xx. Há que se ter em mente, contudo, que a região do sudoeste de Minas Gerais concentrava à época uma quantidade considerável de imigrantes italianos, alguns dos quais de convicções semelhantes, inclusive organizados em sindicato, como os trabalhadores do setor hoteleiro de Poços de Caldas. Além disso, os serviços termais eram frequentados pela elite econômica e política do país durante o verão, tirando a cidade da tendência ao isolamento provinciano, com circulação de pessoas e bens, inclusive simbólicos. Havia ainda os membros ilustrados das famílias tradicionais locais, como os pais de Antonio Candido. Teresina e Clarisse, mesmo não tendo afinidades ideológicas, acabariam se tornando melhores amigas, fato possivelmente favorecido por serem mulheres de personalidade forte e grande erudição em um ambiente relativamente atrasado, sobretudo fora do período da "estação". Antonio Candido atribuía à mãe um certo senso de "insubordinação", que pode ter contribuído para essa aproximação inusitada. Ela, de acordo com o filho, chegou até a ler o anarquista Piotr Kropotkin com simpatia durante a década de 1930, além de ter se tornado posteriormente simpatizante do movimento progressista católico Economia e Humanismo, fundado em 1942 pelo padre dominicano francês Louis-Joseph Lebret.

O perfil de Teresina que Antonio Candido escreveu e que foi publicado em *Teresina, etc.* é bastante conhecido. Nele, além de apresentar a personagem e seu círculo de amigos, em geral imigrantes e/ou militantes de esquerda, entre os quais os mais conhecidos talvez sejam o professor socialista Antonio Piccarolo e o tipógrafo anarquista Edgar Leuenroth, Antonio Candido procura formular o que entende pelo "modo de ser" socialista. Vejamos o trecho mais significativo nesse sentido:

> [Teresina] Não foi grande militante e não marcou o seu tempo, nem mesmo na escala modesta dos companheiros de luta em São Paulo, nos primeiros anos do século. Mas foi excepcional pela maneira por que vivia em cada instante as suas ideias, sentindo e praticando em relação ao próximo a fraternidade igualitária que elas pressupõem, e que permite fazer da vida uma tentativa de superar o egoísmo, o preconceito, o gosto da dominação, o apego aos bens materiais, a reverência pelos apoios grotescos da vaidade.
> Teresina ilustrava de maneira admirável o que é "ser socialista", – aparentemente um paradoxo, porque em geral focalizamos no socialismo o pensar e o agir, enquadrados em organizações ou produzindo atos e obras especificamente políticos. Isto faz esquecer que devem existir também os sentimentos e a ética de um socialista. Ela passou a maior parte da vida fora da ação partidária, vivendo os últimos quarenta anos quase isolada politicamente numa cidade pequena. Talvez esta circunstância haja estimulado a densa precipitação de um "modo de ser", segundo o qual a revolução se torna concepção integral, iluminando e condicionando o pormenor dos atos e a tonalidade da vida. À sua maneira, foi portanto uma revolucionária, embora a mais complexa que se possa imaginar, englobando fraternalmente as ideologias do contra de Rousseau a Lenin. A sua grande força foi a coerência com que abrigou todas essas camadas sem fazer confusão, absorvendo dois séculos de pensamento libertador e outras modalidades que reinterpretava conforme este[3].

Neste trecho, fica clara a valorização que Antonio Candido faz da convicção política para além de suas expressões mais óbvias, isto é, "o pensar e o agir, enquadrados em organizações ou produzindo atos e obras especificamente políticos". A valorização é, então, deslocada da dimensão política profissional

---

3. Antonio Candido, *Teresina, etc.*, Rio de Janeiro, Ouro sobre Azul, 2007, pp. 33-34.

ou explícita para a dimensão ético-política implícita de um "modo de ser" que "ilumina" e "condiciona" "o pormenor dos atos e a tonalidade da vida", como uma "concepção integral", que consiste em uma atitude de preocupação pelo outro tomado como um igual, a tal "fraternidade igualitária".

Antonio Candido e Teresina manteriam contato até a morte dela, em 1951. A convivência mais próxima foi, porém, interrompida antes, com a vinda dele para São Paulo, em 1936, inicialmente para o curso preparatório de medicina, seguindo o destino social "natural" de filho mais velho de pai médico. Motivado como já vimos pelas convicções políticas, Antonio Candido viria a preferir ciências sociais, contrariando o pai, porém chegando a um meio-termo com ele: por via das dúvidas quanto ao futuro da então nova profissão de cientista social, ele cursaria também direito, compromisso honrado, de fato, até o último ano do curso, quando seu pai já havia inclusive falecido.

PAULO EMÍLIO E A BUSCA POR UM SOCIALISMO DEMOCRÁTICO BRASILEIRO

Paulo Emílio Salles Gomes foi a figura decisiva na passagem do que Antonio Candido chamou de "adesão puramente mental" ao socialismo para o início de alguma ação prática. Eles se conheceram em 1939, por intermédio do amigo comum Décio de Almeida Prado, que havia estudado com Paulo Emílio no ginásio. Na ocasião, este voltava do exílio na França, no qual se encontrava desde 1937, após fugir da prisão pela participação na chamada Intentona Comunista de 1935, tendo permanecido no cárcere por catorze meses. Durante o ano de 1939, sobretudo nas aulas do professor de filosofia da missão francesa Jean Maugüé, formou-se o grupo de amigos em cujo seio seria gestada a iniciativa da revista *Clima*, que lançaria vários críticos culturais posteriormente consagrados no meio cultural brasileiro, entre os quais Antonio Candido na literatura, Décio no teatro e Paulo Emílio no cinema. Este último, porém, ingressaria na FFCL-USP somente um ano depois.

As aulas de Maugüé foram muito importantes para a geração de *Clima*, sobretudo pela ideia de usar a filosofia para refletir sobre os fatos do dia a dia por meio da análise de obras artísticas. Mas, ao menos para Antonio Candido, elas tiveram também um papel político: deslumbrado com a vinda para a cidade grande, entre 1936 e 1939 o jovem deixara a política em segundo plano, o que começaria a mudar com as leituras marxistas influenciadas por Maugüé, ele próprio um marxista, ainda que heterodoxo, ao menos do ponto de vista filosófico. Essas leituras contribuiriam para a passagem do que Antonio Candido chamou de "afetividade socialista" para uma convicção política mais refletida teoricamente, que com Paulo Emílio, como já foi dito, daria seus primeiros passos práticos.

Do grupo reunido em torno de *Clima*, Paulo Emílio era o único com histórico de militância, uma vez que fora da juventude do Partido Comunista do Brasil (PCB) até a prisão e o exílio. Na França, entretanto, teve contato com o movimento socialista europeu para além da doutrina oficial soviética, conhecendo trotskistas, socialistas independentes e cristãos progressistas que já àquela altura faziam a crítica do comunismo soviético – sobretudo no contexto dos chamados Processos de Moscou, entre 1936 e 1938, portanto ainda antes do famigerado XX Congresso do Partido Comunista da URSS, realizado em 1956, que tornaria amplamente conhecidos os crimes de Josef Stalin no comando do país. A princípio, *Clima* não tinha viés político, e o próprio Paulo Emílio, que preferia interlocutores com posição política diversa porém definida àqueles com pretensão de isenção, convidara até mesmo integralistas para colaborar nela, desde que tivessem contribuições relevantes nas respectivas seções. Com a iminência da entrada do Brasil na Segunda Guerra Mundial, contra os países do Eixo, a revista se viu na obrigação de assumir posição, primeiramente antifascista e depois mais claramente socialista democrática. Eis um trecho do "Comentário" publicado pela redação da revista em abril de 1943 e que teria fixado as ideias de Paulo Emílio e atraído simpatizantes:

> Num plano, o mais geral possível, acreditamos em dois princípios teóricos fundamentais que são defendidos pelo conjunto das Nações Unidas. Primeiro – a igualdade não só política mas econômica de todos os homens. Segundo – o respeito devido à personalidade humana, o direito da pessoa humana à liberdade. [...]
>
> Os princípios de igualdade e liberdade, transformados frequentemente pela história em antinomias, acham-se no momento representados, ora um com mais destaque, ora outro com mais ênfase, pelas três nações antifascistas mais enérgicas: Estados Unidos, Inglaterra e Rússia. A união dos três países no quadro das Nações Unidas para o esforço de destruição do fascismo e de reconstrução posterior é um dos motivos que nos permitem esperar que o mundo melhor que desejamos construir se baseie numa síntese e numa efetivação final dos princípios de igualdade

e liberdade. Um mundo em que a igualdade baseada numa estrutura econômica planificada não tenha como condição o aniquilamento da liberdade. Um mundo em que a liberdade não precise estar necessariamente condicionada pelo sistema capitalista de produção[4].

A militância política que derivaria inicialmente dessas posições seria o Grupo Radical de Ação Popular (GRAP), pequeno agrupamento organizado entre 1942 e 1943. Primeira experiência de organização política de Antonio Candido, o GRAP, que em muito contradizia o próprio nome, era formado também, para além dele e de Paulo Emílio, por Germinal Feijó e Antônio Costa Correia, estudantes da Faculdade de Direito da USP, Paulo Zingg, jornalista, e Eric Czaskes, imigrante austríaco que trabalhava como litógrafo. A "radicalidade" e "ação" do grupo consistiam basicamente, a esta altura, no estudo de textos marxistas e na elaboração e distribuição de panfletos contra a ditadura do Estado Novo, tarefa em que eram ajudados por simpatizantes e pessoas próximas, como Gilda de Moraes Rocha – posteriormente Gilda de Mello e Souza, após o casamento com Antonio Candido, em 1943.

A experiência do GRAP durou poucos meses, pois logo seus membros resolveram se somar ao epicentro do movimento estudantil de então, a Faculdade de Direito da USP, onde Antonio Candido estudava, e também Germinal e Costa Correia. Lá eles formaram a Frente de Resistência, de oposição ao Estado Novo, grupo que reunia socialistas e liberais e que chegou a publicar um jornal homônimo e a promover também protestos de rua, um dos quais duramente reprimido pela ditadura, deixando ao menos uma morte e dezenas de feridos e presos. A união entre os grupos de orientação diferente chegaria ao fim com o enfraquecimento do inimigo comum e a fundação da União Democrática Nacional (UDN), em 1945, com os socialistas fundando em resposta a União Democrática Socialista (UDS), grupo cujo programa, segundo Antonio Candido, era então bastante avançado e permaneceu atual para ele até o fim da vida. Vejamos uma passagem emblemática:

---

4. Carlos Augusto Calil e Maria Teresa Machado (org.), *Paulo Emílio: Um Intelectual na Linha de Frente*, Rio de Janeiro, Brasiliense, 1986, pp. 80-81.

Na história do liberalismo e da pseudodemocracia do Brasil, os grandes fazendeiros, industriais, comerciantes e banqueiros já falaram muito. A classe média e o operariado disseram algumas palavras. Os trabalhadores da terra são a grande voz muda da história brasileira[5].

O interesse por esse outro silenciado é parte do "modo de ser" socialista, que, na esfera da produção especializada de conhecimento de Antonio Candido, encontra tradução em sua tese *Os Parceiros do Rio Bonito*. Nela, levando em consideração a perspectiva do próprio caipira e comprometido com sua emancipação, ele busca compreender a sociedade caipira em meio ao processo de sua incorporação à esfera da economia de mercado.

Tanto o "Comentário" da revista *Clima* quanto o Manifesto da UDS foram concebidos e escritos sobretudo por Paulo Emílio, que em sua crítica ao caráter antidemocrático e abstrato do comunismo brasileiro da época procurava esboçar um socialismo de base marxista porém aberto à fecundação por outras doutrinas como o próprio liberalismo político e o cristianismo social que então florescia, bem como interessado no estudo concreto da realidade brasileira em suas especificidades. Ele também procurou encarar o problema da participação do intelectual na sociedade, recusando a acusação da "torre de marfim" que os intelectuais críticos de então recebiam do movimento comunista, cujos membros tinham sua atividade intelectual em geral mais imediata e rigidamente subordinada aos interesses partidários.

Todos esses elementos da atuação de Paulo Emílio marcaram a convicção política de Antonio Candido, mas há ainda outro. Escrevendo sobre o amigo, o crítico assim definiu parte da contribuição de Paulo Emílio:

> A contribuição que trouxe para definir uma posição socialista independente e radical tem vários aspectos. Para terminar eu destacaria um dos mais fecundos, que ele [Paulo Emílio] começou a cultivar provavelmente na primeira estadia europeia e ficou para sempre como um dos nervos da sua conduta: o respeito ao semelhante, pelo qual era capaz de se interessar a fundo e ao qual podia dedicar-se com a mais desprendida solidariedade.
>
> Esta atitude, tão violada na vida política, inclusive de esquerda, deve ter sido um dos motivos pelos quais rejeitou o stalinismo e tentou caminhos que a levassem em conta. Isto se traduz no esforço para suscitar em cada um o senso da liberdade individual e coletiva, como direito, como dever e sobretudo como expressão máxima da dignidade, que se conquista no pensamento e no ato[6].

---

5. *Idem*, p. 99.
6. Antonio Candido, *Vários Escritos*, Rio de Janeiro, Ouro sobre Azul, 2010, p. 270.

Como se vê, nessa passagem muita coisa é retomada da definição do "modo de ser" de Teresina, como a atitude de interesse verdadeiro pelo outro. Aqui, contudo, Antonio Candido dá um passo além, relacionando esse "modo de ser" socialista à recusa de uma determinada expressão partidária do socialismo, o stalinismo, identificado com o comunismo soviético. Trata-se de uma recusa da instrumentalização do outro para fins particulares ou corporativos, ou seja, também uma tradução, desta vez na esfera partidária, do "modo de ser" socialista, desta vez na esfera partidária, o qual encontrou ambiente favorável em agremiações socialistas democráticas de que fizeram Paulo Emílio e Antonio Candido.

Apesar da enorme influência que exerceu sobre seus colegas de geração e do pioneirismo na formulação de uma doutrina política em dia com o que se passava no centro do mundo capitalista, Paulo Emílio decidiu, em função de questões prementes de definição profissional, abandonar a militância política, após a fundação da Esquerda Democrática (ED), agremiação ampla que reunia socialistas democráticos, ex-stalinistas e ex-trotskistas e também cristãos e liberais de esquerda, à qual a UDS havia decidido se incorporar. ED que, em 1947, mudaria de nome, assumindo a identidade herdada de uma antiga tentativa de Partido Socialista, realizada na década de 1930 e que não conseguira sucesso ao buscar se reorganizar com a abertura democrática de 1945.

GIKOVATE E A VOLTA À MILITÂNCIA PARTIDÁRIA

Antonio Candido atribuiu ao médico polonês e antigo colega de militância partidária Febus Gikovate o "empurrão final" que faltava para sua decisão de ingressar no PT, que seria fundado em 1980. Isso ocorreu durante um episódio dramático, em que o crítico se viu obrigado a contar uma "mentira piedosa" ao amigo em seu leito de morte, a qual entretanto o vinculou ao compromisso de levar adiante a luta política de sua geração de militantes socialistas democráticos:

[Gikovate] Foi um dos dirigentes mais lúcidos do PSB e no começo de 1980 estava muito mal. Fui visitá-lo e, sabendo que estava deprimido, inventei uma história para animá-lo, dizendo que havíamos sido convidados para reuniões preparatórias do PT, mas eu não iria. Ele me disse que eu deveria ir, porque o PT representava a realização do que desejávamos na mocidade e não tínhamos conseguido, pois agora a iniciativa era dos próprios trabalhadores. E completou: "Peço que você me represente e diga que não vou porque estou indo para outro lugar", maneira de dizer que estava perto da morte. De fato, morreu no dia seguinte. Isto foi o empurrão final. Decidi entrar no PT e estive na reunião histórica do Colégio Sion. Gikovate foi um dos socialistas mais autênticos e clarividentes que conheci[7].

Apesar desse compromisso, Antonio Candido já acompanhava as movimentações para a formação de um novo partido de tipo socialista no Brasil desde pelo menos 1976, quando intelectuais de esquerda começavam a voltar do exílio e a se rearticular politicamente. Entre eles, além de ex-militantes do PSB como Candido, Gikovate e Antônio Costa Correia, estavam também nomes como Fernando Henrique Cardoso e Plínio de Arruda Sampaio.

Antonio Candido e Febus Gikovate se conheceram em 1945, com a fundação da já mencionada UDS, e passaram a ter convivência próxima e prolongada nos anos de militância no PSB, partido pequeno e cuja composição ambos expressavam muito bem: sobretudo intelectuais e profissionais liberais. Até em função desse perfil, uma das principais atividades do PSB durante seus primeiros anos foi o que chamaram de "doutrinação raciocinada", ou seja, a busca da formação de uma militância política por meio do convencimento racional e não da autoridade e carisma de lideranças ou da manipulação das emoções por meio de recursos de propaganda, atitude que também pode ser considerada como uma tradução do "modo de ser" socialista na esfera partidária. Entre as iniciativas do partido em São Paulo que iam no sentido da "doutrinação raciocinada", estavam a organização de cursos e palestras de divulgação do conhecimento científico e dos clássicos do pensamento progressista e a publicação da *Folha Socialista*, periódico da seção paulista do partido que começou a circular em 1947. Tanto Antonio Candido como Gikovate tomaram parte nessas iniciativas, tendo o crítico exercido a direção do jornal até 1950.

Gikovate, diferentemente de Antonio Candido, tinha experiência de militância política anterior à UDS, no movimento comunista, e exerceu papel de liderança no PSB, ainda que não no sentido profissional. Anos após sua morte, refletindo sobre seu "modo de ser", Antonio Candido observa:

---

7. Marieta de Moraes Ferreira e Alexandre Fortes (orgs.), *Muitos Caminhos, uma Estrela: Memórias de Militantes do PT*, São Paulo, Fundação Perseu Abramo, 2008, vol. 1, p. 45.

Febus Gikovate possuía uma inteligência poderosa e precisa de bom enxadrista, que foi na mocidade. Ela lhe permitia equacionar um problema com rigor, indo direto ao nó. E para desfazer nós não lhe faltavam imaginação nem ânimo de agir. Grande capacidade de ação racional foi o que sempre demonstrou na vida política esse clínico eminente, esse admirável professor de medicina. Talvez porque na política pôde aplicar a sua lucidez surdamente fervorosa, fazendo render ao máximo o ânimo construtivo com que sabia ao mesmo tempo fazer cumprir as tarefas e respeitar a particularidade de cada um. Tudo isso referido ao interesse coletivo, que ele punha com naturalidade espontânea no primeiro plano. Não o fazia por esforço ascético ou violência contra o próprio modo de ser, mas porque era a maneira segundo a qual realizava a sua natureza visceralmente nobre e aberta para o próximo. Gikovate foi um excepcional líder socialista democrático porque as suas convicções eram os seus sentimentos mais fundos. Para ele o socialismo era uma concepção de vida e uma conduta que humaniza; não um programa político-econômico a ser *aplicado*[8].

De todos a propósito de quem Antonio Candido refletiu sobre o "modo de ser" socialista, Gikovate foi o último que ele conheceu, já adulto, porém ainda no período que estamos aqui chamando de Juventude. No trecho acima, o crítico avança na indicação do "modo de ser" socialista em sua tradução na esfera partidária, tendo em vista uma liderança de organização socialista democrática. Novamente, esse "modo de ser" é destacado como uma concepção orgânica de vida, e não como algo abstrato a ser aplicado, bem como é definido enquanto respeito e interesse pelo outro, tendo como referência a busca coletiva pelo bem comum. Busca que, como vimos, Antonio Candido considerava sem fim, mas nem por isso menos necessária.

8. Antonio Candido, *Vários Escritos*, Rio de Janeiro, Ouro sobre Azul, 2010, p. 270.

O PROFESSOR

4

AFETO E CONVICÇÃO

TELÊ ANCONA LOPEZ

SOU, POR TODA A MINHA VIDA, aluna de Antonio Candido. Os alunos de Antonio Candido possuem esse selo impalpável que assim os confirma para sempre, aos próprios olhos, lição que lhes imprime caráter, excluída qualquer implicação religiosa. "Não se cruza com alguém assim impunemente", diz minha amiga, a Professora Adélia Bezerra de Meneses. Ela sabe que a aula de Antonio Candido – no seu mais alto sentido – prossegue em nosso espírito, ultrapassa a nossa leitura costumeira da obra por ele edificada, permeia interrogações que nos fazemos no exercício do magistério ou em nossas pesquisas, em nossos escritos, no olhar da gente sobre este mundo em que se vive. Nessa lição tão múltipla, vestindo-me de cronista no seminário *Afeto e Convicção: Homenagem a Antonio Candido de Mello e Souza (1918-2017)*[1], em 2018, destaquei a clarividência e a coragem de criar e propor projetos novos, de levá-los avante, traços de uma atuação singular na Universidade. A coragem de ser pioneiro. Agora, ao fechar meu depoimento para o livro que reunirá os participantes do seminário, esqueço o texto inconsútil e prefiro o fragmento, o retalho, rompida a sequência lógica ou o *flashback* determinado. "Ordem, Sem Lugar" cantamos no jogo de bola solitário, experimentando lances. Peço então, ao meu eventual leitor, que reembaralhe os meus retalhos e tome, ao acaso, seus pontos de contato para mais um retrato em movimento de Antonio Candido.

---

1. Seminário promovido pelo Sesc, ao lado Instituto de Estudos Brasileiros (IEB), da Biblioteca Brasiliana Guita e José Mindlin (BBM) e da Pró-Reitoria de Cultura e Extensão da USP.

***

Antonio Candido compõe, com afetuosa elegância e realce indelével da privacidade, a dedicatória de *Vários Escritos*: "A Emílio Moura, grande poeta e grande amigo, / o.d.c." Quer dizer: livro oferecido, dedicado e consagrado a este importante nome da nossa poesia, no século xx. O título guarda, na virtude da simplicidade, ensaios da maior relevância, nos quais o conhecimento teórico e a erudição se ligam, de forma indissolúvel, à imaginação crítica que assegura a interpretação original. Vários escritos, além de trilhar a interdisciplinaridade na história, na filosofia e na política, sabem a memórias e à autobiografia na apresentação paralela espirituosa, por vezes lírica, de momentos e casos da vida literária.

***

Da sala de música onde trabalham na companhia do *Cristo* de Brecheret, as pesquisadoras veem Antonio Candido atravessando a rua, rumo à casa do Mário. Tanto quanto a lembrança restitui, lá vem ele, boina e paletó de *tweed*, ao sol ralo da tarde de agosto, 1967. Desta vez, não vem somente orientar. Conta-lhes do Instituto de Estudos Brasileiros, criado dentro da Universidade de São Paulo pelo historiador Sérgio Buarque de Holanda, em 1962, instituição moldada por diversas áreas integradas, à qual ele, Antonio Candido de Mello e Souza, fornecera ideias essenciais, e na qual, como conselheiro ligado à literatura brasileira, defende a pesquisa nas fontes primárias e a internacionalização de projetos. Pois esse ieb – como se fala então, escandindo a sigla –, tem, na direção, José Aderaldo Castello, grande conhecedor do barroco brasileiro que, compreendendo as possibilidades do Acervo Mário de Andrade, deseja firmemente incorporá-lo ao patrimônio da instituição. Antonio Candido sonha um centro de estudos consolidando a democratização do saber na esfera das humanidades, ao planejar a salvaguarda do acervo do criador de *Macunaíma* e o acesso ao material. Aplica-se, de corpo e alma, à negociação com o Governo do Estado no intuito de conseguir a aquisição para a Universidade de São Paulo, destinada ao ieb. As pesquisadoras relacionam o arquivo, fazem o inventário dos livros, das obras de artes plásticas, da imaginária religiosa e dos objetos da cultura popular, no espólio de valor incalculável; especialistas são chamados para a avaliação. Antonio Candido e Castello lutam, companheiros. A transação se consuma no outro ano. A família que zela os bens, com inexcedível responsabilidade, desde a morte de Mário de Andrade em 1945, manifesta pleno entendimento do alcance do acervo, quando aceita o pagamento simbólico do Estado, envolvendo a biblioteca e a coleção de arte. Doa o arquivo ao IEB. Em 1968, no espaço do Instituto, tem início a organização dos documentos. De lá para cá, multiplicam-se os projetos universitários e de outras feições nas áreas de Artes Plásticas, Cinema, Música, Fotografia, Filosofia, Sociologia, Antropologia, Teoria Literária e Literatura Comparada, Literatura Brasileira, bem como nas literaturas de outras nacionalidades, os quais, na USP e fora dela, se abeberaram do acervo, votando-se ou não à obra do Multimário. Mesmo no risco de espichar a história, vale lembrar a estreia da utilização pública da riqueza do Mário em 1972, na exposição Brasil: *1º Tempo Modernista – 1917-1929*, comemorativa dos cinquenta anos Semana de Arte Moderna e no livro homônimo resultante no ano seguinte. O IEB e estudo do modernismo irmanam-se com naturalidade.

***

O renovar, inerente aos passos de Antonio Candido, grifa 1962, no âmbito da interdisciplinaridade, o primeiro semestre, durante o curso de especialização em Teoria Literária e Literatura Comparada, dedicado a *Quincas Borba*, às sextas-feiras, na sala 11, a sala grande no primeiro andar do prédio da rua Maria Antônia. Na análise minuciosa e na interpretação do texto, regidas pelo professor, a crítica literária traça pontes com a sociologia, o cinema e a pintura. Ele chama a atenção para a caleça na qual Sofia pontifica, materializando a ascensão social cavada por ela, e para outros sinais valiosos, no romance de Machado de Assis. As aulas garantem voz aos alunos inscritos e àqueles que se achegam, atraídos pela discussão. Os alunos "de fora" são estudantes de outras áreas e pessoas interessantes – a escritora Lígia Fagundes Telles, Paulo Emílio Salles Gomes, crítico de cinema, Maurice Capovilla, jornalistas, um rato de biblioteca, duas senhoras da *haute gomme* paulistana, D. Ivonne, D. Nelia, cultas e gentis. Dessa disciplina sai o projeto de Antonio Candido para a sua aluna Pérola de Carvalho – reunir e analisar o jornalismo de Machado, transcrevendo crônicas e críticas diretamente dos periódicos conservados na Biblioteca Nacional, no Rio de Janeiro. O projeto põe em cena o ensino da literatura alimentado pela pesquisa nas fontes primárias; desenvolve metodologia e técnicas de pesquisa; inclui muita leitura teórica. Para concretizá-lo, o orientador, em 1963, apresenta à Fapesp, então compromissada com a investigação nas ciências exatas e biológicas, o pedido de bolsa de doutoramento para esta pesquisadora que se revela exemplar, dizem os pareceres aos relatórios.

***

Na metade da manhã, o Mestre fala à sua aluna, já entrada em anos. Cuidam do dia no qual, em um mundo mais justo, todos os que podem trabalhar, trabalham para todos em uma pequena parte do dia, sem peso ou coerção. "Você, por exemplo, pode ser tecelã. Trabalhará assim e terá o restante do tempo pra estudar tudo o que você quiser!" O tom profético do verbo no futuro encanta a interlocutora. Dona Gilda junta-se à conversa e riem-se os três, numa festa de utopia.

***

Em clima de *petit comité*, Antonio Candido imita pessoas, engraçadíssimo na sua circunspecção de personagem. É também desse jeito que narra casos e histórias mineiras, com diálogos e vozes diferenciadas. Alguns, casos vizinhos de Mário Palmério.

Economia intrínseca nos diminutivos, sem demagogia ou exibição, Antonio Candido leva a sério as crianças; não as diminui para facilitar o encontro; aproxima-se sem pré-domínio.

Sumo e graça, recria o nome de sua pesquisadora – "Pélora" –, a primogênita na leva dos anos 1960.

***

Aquele que nos anos de 1970 e no início da década seguinte, como parceiro de Ángel Rama, vivamente se comprometera com a Biblioteca Ayacucho, na clave do "conhecimento e fraternidade continental da literatura e do pensamento" ("Uma Visão Latino-Americana", 1991), atualiza essa convicção em 1987, ao afiançar, no Brasil a Coleção Archivos da Literatura Ibero-Americana, Africana e do Caribe, vinculada à Unesco. A coleção, coordenada pelo Professor Amos Segala, devota-se a edições-críticas e documentadas, unindo Mário de Andrade, Manuel Bandeira, Clarice Lispector e outros brasileiros a Cortázar, Arguedas, Asturias, Rulfo, aos principais nomes, enfim, da ficção, da poesia e da ensaística do século XX, no recorte geográfico internacional escolhido. Antonio Candido convida os pesquisadores por ele formados. Nas reuniões em Brasília, cabe a ele distinguir dimensão brasileira e dimensão regional...

***

Figuras estranhas, perguntando por um colega, aparecem nos barracões, na Cidade Universitária, onde funciona a Faculdade, depois da destruição das instalações à rua Maria Antônia, em outubro de 1968. Não o encontram. Como é perigoso telefonar, Antonio Candido corre ao IEB, onde ele tampouco está. Vai à casa do procurado, sem aceitar qualquer companhia. Age assim nos dias turvos da ditadura – visita, ampara, acolhe.

***

Enquanto esperam quem demora para a reunião no IEB, Antonio Candido e sua aluna tratam do tempo em que se decorava poesia no Ginásio. Declamam "Waterloo! Waterloo! Waterloo!". Continuam com Lamartine – "Ainsi, toujours poussés vers de nouveaux rivages, / Dans la nuit éternelle emportés sans retour, / Ne pourrons-nous jamais sur l'océan des âges/ Jeter l'ancre un seul jour?", a quem respondem: "Sim! Claro que sim! Les vers... Jeter l'encre aujourd' hui!"[2].

---

2. Trocadilho glosando *"vers"*, preposição (em direção a) e substantivo (versos), bem como a sonoridade de *"ancre"* (âncora) e *"encre"* (tinta), complementada com *"aujourd' hui"* (hoje).

***

No silencioso sobrado de janelas verdes, na Barra Funda, Lopes Chaves esquina com a rua Margarida, três pesquisadoras, assim batizadas pelo orientador, registram os livros, as revistas e a marginália seguindo a repartição original dos volumes nas estantes de Mário de Andrade que se mostram em todos os cômodos, até o porão[3]. Quadros, esculturas, móveis de moderno traçado, ao redor. Há partituras, manuscritos, fotografias, pastas com gravuras e desenhos. Somam às cotidianas lições que lhes infundem a biblioteca e a casa, frações fortuitas de uma vida extraordinária, nas histórias de D. Lourdes, "seu" Eduardo, e de Sebastiana que serve à família desde mocinha. Repousam na perfeita hospitalidade da irmã de Mário, do cunhado Eduardo Ribeiro dos Santos Camargo, dos filhos deles – Teresa, Carlos Augusto e Isa; na inteira complacência da cachorrinha Gimba. Esta cena vespertina data de 1963; insiste, parecida, até 1968, desfalcada de "seu" Eduardo, em 1966. No começo, o Brasil palpita; em 68, golpeado, sofre e resiste.

Aprendendo, as três pesquisadoras ingressam nos "ismos" do século XX e na interdisciplinaridade, associando títulos nas muitas áreas da biblioteca – literatura de tantos países, música, artes plásticas, folclore, na etnologia, etnografia, cinema e fotografia; a história, a filosofia. Surpreende-as aquela conjunção de modernidade e lições do passado, ao percorrer livros e revistas, revistas maravilhosas, empolgantes. Tateiam e descobrem caminhos do polígrafo, nas áreas e autores que facetam a biblioteca; elos e projetos encrustados na marginália; a bateia do leitor, inseparável da criação do artista e do ensaísta. Sabem que estão em um projeto pioneiro na universidade brasileira, pois ninguém nunca jamais lidara com marginália por aqui. Muito anchas informam: "Na Universidade de Grenoble tinham coligido a marginália de Stendhal!". Graças aos argumentos que frisaram o ineditismo do empreendimento, e ao mérito do Professor que lhes acompanha o trabalho, são bolsistas da Fapesp, reconhecida a pesquisa em literatura ("No quadro das tentativas (em que estamos empenhados) de trazer a pesquisa humanística, no Brasil, ao nível já alcançado nas ciências físicas e biológicas, estou certo de que o projeto

---

3. As fichas e os microfilmes que reúnem os dados da pesquisa estão depositados no Setor de Arquivos do Instituto de Estudos Brasileiros da Universidade de São Paulo.

agora apresentado merece consideração [...]"). Quando Antonio Candido as visita, na supervisão periódica, elas têm os olhos cheios de estrelas vivas. Tantos achados! Ele examina as fichas que tombam os títulos e transcrevem as notas – cor de laranja ou terra de siena e branca; folheia os livros. Entusiasma-se e esfrega as mãos nesse gesto todo seu. Discute os modernistas, Mário e Oswald, principalmente; os poetas românticos ou Machado. Indica, às vezes, algum livro recente que lhe agrada, *Veranico de Janeiro*, do Bernardo Élis, por exemplo. De repente, estão todos na Paris de Baudelaire, páginas e ruas. Para lá ele manda a mais velha das três pesquisadoras, com o projeto estudar as vanguardas e, sorte das sortes, em maio de 68! Essa viagem rende uma tese excelente.

***

Antonio Candido assevera, em um de seus mais lúcidos textos, o direito inalienável da humanidade de exercer e de fruir a literatura e todas as artes, em um sentido de liberdade e justiça, essência para a evolução emocional e ética dessa mesma humanidade. Moderno em seu trajeto, precursor e pioneiro, homem no seu tempo age sobre seu momento, contesta e suscita evolução. Na manhã de sol, no 13 de maio de 2017, advoga, sem alarde, o direito à privacidade na morte, fechado em seu ataúde. Chancela a inelutável solidão de todos nós. Ensina o respeito, em tempos de avassalador narcisismo e manipulação da imagem.

***

O sorriso no olhar, quase constante, ilumina muitas instâncias do humor. Na exclamação – "Que coisa!" – exprime espanto e mesmo repulsa.
"Cafajeste!" é, para ele, xingamento extremo, pelo menos perto de mulheres.
Diverte-se com bestialógios.

***

A Biblioteca Universitária de Literatura Brasileira nasce no IEB em 1977, capitaneada pelo Professor José Aderaldo Castello. A coleção visa a confecção de edições críticas de títulos fundamentais da ficção e a recolha textos da crítica. *Macunaíma* de Mário de Andrade torna-se encargo da aluna de Antonio Candido que nele encontra respaldo para uma promissora vertente de trabalho. Docente da Faculdade de Ciências e Letras de Assis em 1959, ele havia preparado, para seus alunos do primeiro ano, o aporte teórico *Noções de Análise Histórico-Literária*, inaugurando entre nós, sabe-se bem, o estudo da crítica textual em sala de aula. Como apostila mimeografada, depois difundida em cópias xerox, ultrapassa a sala de aula, circula entre pesquisadores cientes do valor do conteúdo e da abordagem didática, até ser publicado pela Associação Editorial Humanitas, em 2005, apesar da relutância do autor. À apostila, o Professor acrescenta, para a pesquisadora, à guisa de atualização, Giorgio Pasquali, *Storia dela Tradizione e Critica del Texto*, apoio suplementar para o texto crítico de *Macunaíma* que sai em 1978.

5

O Professor

ADÉLIA BEZERRA DE MENESES

ANTONIO CANDIDO é um professor com o qual não se aprendia apenas em sala de aula: a sua presença irradiante sempre extrapolou o acadêmico e o literário. Cruzar o caminho com o dele significava, na maioria das vezes, erigir um paradigma para a vida; não se tratava somente de uma atuação no nível das ideias, mas de um poderoso enriquecimento pessoal, em contato fertilizante com o Outro.

Pode parecer estranha essa tônica no *topos* do afeto porque, sendo ele o intelectual brasileiro de maior envergadura do século XX, e um professor com tamanha vocação de educador – e eu falo do lugar de uma aluna – era de se esperar um testemunho na linha do reconhecimento do crescimento intelectual que ele propiciava aos estudantes. Pois bem: não estou aqui me referindo ao fato de que inevitavelmente se estabelecia entre ele e os alunos uma relação afetiva, mas a algo mais singular: penso no olhar caloroso que ele dirigia aos seus semelhantes e que contagiava. Sua generosidade não era apenas voltada para as pessoas individualmente consideradas: ele via o "outro" social, pensava o indivíduo no recorte da sociedade, no recorte da pólis. Daí sua militância para intervir nas estruturas, tendo participado, não por acaso, da formação de dois partidos políticos de viés socialista: o Partido Socialista, em 1947, e o Partido dos Trabalhadores, em 1982.

Algumas observações prévias se imporão. A primeira diz respeito ao fato de que, depois de uma certa idade, o que se acha que é memória pessoal vale como memória de uma geração, e assim ganha insuspeitados contornos. Daí o recurso autobiográfico, inevitável, nesse leque temporal de mais de meio século, que se abre de 1962 (quando me tornei sua aluna para sempre, ao cursar a disciplina de Teoria Literária no primeiro ano de Faculdade) até 2017, quando sua voz se calou. (Sua voz física, porque ele continua a falar através de sua obra e através daquilo que seus discípulos, consciente e inconscientemente, dele incorporaram.)

A segunda observação é que, na minha memória estão amalgamados, inextricavelmente, Antonio Candido e a Maria Antônia, a Faculdade de Filosofia, Ciências e Letras da USP, quando situada na rua Maria Antônia, até a sua mudança forçada para a Cidade Universitária. Não apenas porque, para definir o espírito da Maria Antônia, é inarredável falar do "pensamento radical" (essa categoria cunhada por ele para abordar a cultura brasileira), mas por conta da atuação decisiva que teve o Professor Antonio Candido na chamada "batalha da Maria Antônia", em 1968, a guerra simbólica, no nível estudantil, entre esquerda e direita, em plena ditadura civil-militar implantada pelo golpe de 1964.

Urge falar da sua atuação na "guerra da Maria Antônia", um conflito em que de um lado estavam os estudantes da USP e do outro lado os do Mackenzie, assessorados pela Guarda Civil e a Polícia Militar. No Mackenzie estavam sediados os movimentos de direita: o CCC – Comando de Caça aos Comunistas, a FAC – Frente Anticomunista, e o MAC – Movimento Anticomunista). Efetivamente, não se tratou – como a imprensa apresentou e ainda apresenta – de um conflito de estudantes: os do Mackenzie tinham a conivência do governo do Estado, do governo federal e de parte das autoridades universitárias. Pois bem, Antonio Candido não apenas se posicionou na defesa dos seus alunos, durante o conflito, mas foi decisivo para apontar diante das autoridades – e registrar, documentando-a – a violência desabrida do atentado à universidade. Naquele 3 de outubro de 1968 formou-se imediatamente na USP uma comissão de crise, e ele se propôs como relator. No entanto, toda documentação oficial desses acontecimentos que culminaram com o incêndio e inutilização do prédio, ferimentos e uma morte de estudante, se perdeu, inexplicavelmente; mas tudo foi recuperado através da cópia que Antonio Candido guardou consigo, por vinte anos. E é essa cópia que será publicada, em 1988, no livro *Os Acontecimentos da Rua Maria Antônia (2 e 3 de outubro de 1968)*, e que serviu de base para a segunda edição dessa obra, com o título *O Livro Branco da Maria Antônia* (republicado em 2018, no bojo do "fazer memória" dos acontecimentos de 1968, por iniciativa da direção da FFLCH/USP, na pessoa da Professora Maria Arminda do Nascimento Arruda)[1]. Efetivamente, a 3 de outubro de 2018, no dia mesmo do cinquentenário desse evento traumático para a vida acadêmica paulista e brasileira, deu-se o relançamento, no mesmo espaço transformado agora num Centro Universitário da USP, de duas obras sobre a mítica Maria Antônia, em que avulta o papel de Antonio Candido. Além do *Livro Branco*, foi relançada também a segunda edição da outra obra coletiva sobre a Faculdade de Filosofia, Ciências e Letras da USP, quando situada nessa rua, intitulada *Maria Antônia: Uma Rua na Contramão*[2], trata-se de um volume composto de capítulos escritos por ex-alunos e professores da época, além de algumas figuras do campo artístico e político, para quem a Maria Antonia era uma referência.

Pois bem, há lá um capítulo de autoria de Antonio Candido, intitulado "O Mundo Coberto de Moços", em que o Mestre da Maria Antônia não apenas registra o quanto 1968 ficou marcado, em escala mundial, como o ano em que a juventude se revelou como força viva na transformação da sociedade, mas em que aponta a passagem, no âmbito do universo acadêmico uspiano, de "uma atitude neutra e relativamente contemplativa, para um empenho da faculdade enquanto faculdade, mobilizada para participar dos problemas do momento. Não mais individualmente, mas como grupo"[3].

Mas é realmente em *O Livro Branco*, que recolhe seus depoimentos e textos escritos no calor da hora, enquanto relator da comissão de crise, que Antonio Candido, reconstruindo os acontecimentos 1968, revela a plena medida de sua participação empenhada. Ele não hesita em dizer que não se tratou de uma guerra de estudantes:

---

1. Irene Cardoso e Abílio Tavares (orgs.), *Livro Branco Sobre os Acontecimentos da Rua Maria Antônia (2 e 3 de outubro de 1968)*, 2. ed. rev. e amp., São Paulo, FFLCH/USP, 2018. [Título original: *Sobre os Acontecimentos da Rua Maria Antonia (2 e 3 de outubro de 1968)*].
2. Maria Cecília Loschiavo dos Santos (org.), *Maria Antônia: Uma Rua na Contramão*, 2. ed., São Paulo, FFLCH/USP, 2018.
3. Antonio Candido, "O Mundo Coberto de Moços", em Maria Cecília Loschiavo dos Santos (org.), *op. cit*, p. 47.

> [...] o que mais me impressionou, além da continuidade e brutalidade do ataque, sugerindo farta munição e preparação competente, foi o fato de a Guarda Civil estar presenciando o conflito, sem qualquer gesto de intervenção, embora fosse evidente o uso de armas de fogo, como se podia ver pelos rapazes baleados e o morto, além de pessoas que chegavam até a fachada do prédio n. 296 dizerem que havia no mesmo, sinais de rajadas de metralhadora.

E linhas adiante:

> [...] pois eu acabava de ver claramente a parcialidade dos agentes da ordem a favor do Mackenzie[4].

Tentando escapar de rajadas de metralhadoras e refugiado, com outros professores, no prédio da Faculdade de Ciências Econômicas (que dá ingresso ao pátio da FFCL), ouvindo o estouro das bombas, ele comentará a incrível omissão da polícia. Ele relata ainda o encontro com estudantes feridos e sangrando, com bombeiros também alvejados pelos atacantes, conta da "enfermaria" improvisada, do estudante secundário carregado pelos colegas, inconsciente, e cuja morte em seguida seria confirmada; do ácido, bombas, coquetéis molotov, da necessidade de se esconderem deitados no chão, longe das janelas e dos tiros, das tochas lançadas para incendiar o prédio, dos latidos de cães dos policiais.

Os professores decidem ir em comitiva denunciar os acontecimentos às autoridades, Antonio Candido vai junto ao Gabinete do Secretário de Segurança; decidem emitir um protesto, ele toma a iniciativa da redação desse texto. Nessa mesma escrita sóbria e serena, que busca a objetividade, ele mostra de relance sua contida paixão pela Faculdade, que ele chama de "nossa casa". Diz ele:

> Decidimos redigir um protesto, expondo à opinião pública o que tínhamos presenciado, sendo eu encarregado de rascunhá-lo, o que fui fazendo, com sugestões e retificações dos colegas. Antes de terminar a redação, decidiram alguns que nos deveríamos deslocar para o Crusp, a fim de dar assistência aos nossos alunos e saber o que se passara com eles. Mas quando saímos lembrei que seria mau deixarmos a nossa casa abandonada, exposta a um bombardeio que visava nitidamente incendiá-la, destruindo as bibliotecas, os arquivos, o museu. Entendi que deveríamos ficar [...] perto dela, para ao menos presenciar o que aconteceria. [...] Eu me prontifiquei a datilografar o protesto que acabáramos de retocar [...][5].

---

4. Depoimento de Antonio Candido. Irene Cardoso e Abílio Tavares (orgs.), *op. cit.*, p. 75. [Reedição 2018 – 50 anos de uma batalha].
5. Depoimento de Antonio Candido, *op. cit.*, pp. 47 e 77.

Cuidado com os alunos, cuidado com a "nossa casa", ação inteligente e eficaz com as suas armas privilegiadas: a interlocução, o testemunho e a escrita. Efetivamente, sai na *Folha de S. Paulo* um abaixo assinado dos docentes da USP testemunhas da violência, datado de 6 de outubro de 1968; e no jornal *O Estado de S. Paulo*, com o título de "Filosofia Dá Sua Versão", um texto com a data de 8 de outubro de 1968, em que se reconhecem as digitais do professor. Assim termina esse texto:

> Estes os fatos. Não podemos deixar, diante deles, de denunciar a violência de grupos de direita, a omissão de autoridades responsáveis pela ordem e a cumplicidade policial. Neste caminho se aperfeiçoa o Estado autoritário, se incentiva a violência como árbitro de conflito, se tenta agora liquidar uma Faculdade, para amanhã, quem sabe, destruir completamente as instituições que ainda garantem os direitos individuais e públicos. Tudo isso, como é praxe, para "combater a subversão" e garantir a "democracia". Este tipo de falsa democracia não conta, decididamente, com o nosso apoio[6].

Lembrar é resistir.

Mas antes do dramatismo de se tornar, em 1968, o lugar onde se feriu, no nível estudantil, a batalha simbólica da esquerda e da direita, a Maria Antônia foi o espaço das grandes transformações interiores das gerações que por lá passaram, foco e fonte das nossas utopias. E como foi dito mais acima, não é possível definir o "espírito da Maria Antônia", sem uma referência ao "pensamento radical". E o que é significativo é que para Antonio Candido, é exatamente o "pensamento radical" a marca mais significativa da Faculdade de Filosofia, Ciências e Letras da USP[7].(Num parênteses: é importante observar que aí, "radical", "radicalismo" nada tem a ver com extremismo. Vamos à etimologia: radical = de raiz.) Pensamento radical é aquele que assume a perspectiva do dominado e não da oligarquia.

Não por acaso, um dos primeiros trabalhos de Antonio Candido, como sociólogo, foi *Os Parceiros do Rio Bonito* – um estudo sobre o caipira do Estado de São Paulo[8]. Ele não foi estudar os barões do café, moradores das mansões da Avenida Paulista; estudou o caipira de Bofete. Na mesma linha, ao empreender

---

6. Apud *O Livro Branco da Maria Antônia*, p. 128.
7. Cf. entrevista de Antonio Candido à revista *Transformação*, da FFCL de Assis, n. 1, 1974.
8. Antonio Candido, *Os Parceiros do Rio Bonito. Estudo Sobre o Caipira Paulista e a Transformação dos Seus Meios de Vida*, 11ª. ed., Rio de Janeiro, Ouro sobre Azul, 2010 (Edição original: 1964).

uma biografia, escolhe Teresina, uma obscura militante anarcossocialista que vivia em Poços de Caldas[9]. Efetivamente, focando a atenção não na classe dominante, mas no povo, a postura "radical" tem como característica uma ruptura da tradição elitista do nosso pensamento social, neste Brasil de tão fundas sobrevivências oligárquicas, marcado pela mola escravagista da nossa formação social – em que, para ficarmos num só exemplo (mas que não é propriamente um detalhe), a tortura era uma prática cotidiana para submeter seres humanos. Para caracterizar o que é esse "radicalismo", Antonio Candido começa por opô-lo ao pensamento conservador – sendo um dos traços fundamentais da mentalidade e do comportamento político-social no Brasil a persistência das posições conservadoras. E as posições conservadoras formam um pacote completo: racismo, homofobia, machismo, misoginia, moralismo, uso do nome de Deus para acobertar as repressões, opressão sobre minorias, violência contra vulneráveis etc. etc. Para Antonio Candido, o radical pode assumir papel significativo para suscitar consciência política; e avanço político significaria "atendimento às reivindicações populares, por meio de um regime onde o próprio povo tomasse as rédeas"[10] – posição que, diz ele, teve em Sérgio Buarque o primeiro intelectual de peso a defendê-la, em *Raízes do Brasil*, publicado em 1936.

Pois bem, "enfrentar o pensamento conservador", "suscitar e desenvolver consciência política", "opção pelo povo", "o povo como protagonista da própria história" – são ideias que permeavam o movimento estudantil da década de 1960, e que imantavam a nossa existência na Maria Antônia. E eu hoje creio que o que lá vivíamos tenha sido efetivamente uma situação-limite do "pensamento radical", que acabou conduzindo a um sopro revolucionário – abortado pelo golpe de 1964.

Mas volto para o início da década de 1960, mais precisamente para o ano do primeiro curso que fiz com Antonio Candido, 1962. Então os calouros das Letras podiam ainda não se dar conta do privilégio imenso de termos aula com o criador da Teoria Literária no país (sabíamos apenas que estávamos diante do autor de *Formação da Literatura Brasileira*, publicado três anos antes, em 1959); mas ninguém ficou imune ao cruzar o caminho com esse intelectual

---

9. Antonio Candido, *Teresina, etc.*, Rio de Janeiro, Paz e Terra, 1980.
10. Antonio Candido, "Radicalismos", *Vários Escritos*, 4ª. ed., São Paulo / Rio de Janeiro, Duas Cidades / Ouro sobre Azul, 2004, p. 193.

radical, sociólogo dublado em crítico literário, pensador do Brasil, militante político e também um esteta, mas, fundamentalmente: Professor.

Tenho um caderno de 1962, de folhas amareladas e um tantinho puídas, mas guardado como uma preciosidade, e que estampa no cabeçalho "Teoria Literária" e do qual seleciono anotações, que comparecem logo nas primeiras páginas, sob o tópico de "Função da Literatura". Elas dizem da "importância da Literatura como fator de humanização do Homem; da possibilidade de iniciação numa ordem de valores que nos fazem mais humanos"; da literatura como uma "disciplina humanizadora que torna o homem capaz, não de se ajustar, mas de se sentir suficientemente inquieto para mudar o seu tempo". O que mais que se lê nesse caderno? – "A Literatura fornece uma visão do Homem e do Mundo"; "cada livro de Literatura deve alterar nossa sensibilidade, mudar a visão de mundo". Antonio Candido abordava a Literatura enquanto sistema, mostrando-nos a relação Literatura / Sociedade; dirigia o nosso olhar às coisas brasileiras, devidamente equacionadas em seu quadrante universal.

Com dezessete anos de idade eu tinha escolhido Letras porque gostava de literatura, mas de repente alguém me formulava os motivos pelos quais valeria a pena empenhar toda a energia intelectual nesse projeto de estudo – que se tornou um projeto de vida. E mergulhar no ofício de Professora. Não preciso dizer que essas aulas aurorais – as primeiras de centenas a que eu viria assistir do Professor Antonio Candido – pautaram a minha vida – não apenas intelectual. Essas aulas me ajudaram (e ajudam) na aventura de viver. E estabeleceram um paradigma de alta exigência do que é ser Professor/a.

Mas aqui se impõe uma observação. Antonio Candido nunca resvalou para qualquer panfletarismo, qualquer confessionalismo político. A par de todo esse elã que arrasta para o social, ele defendia a literatura de qualquer teoria redutora a ser aplicada; avesso a conteudismos, mostrava nas suas análises rigorosas a "eficácia estética" de um texto, insistindo na importância da forma. Ele exigia rigor no trato com o literário, propondo um método que fosse ao mesmo tempo estético e histórico. Sempre alertou para os riscos do sociologismo rasteiro e da redução que isso representa, defendendo o que chama de crítica integrativa. Para ele, a bússola de um trabalho crítico deveria ser o caráter orgânico dos textos. Nas aulas de Teoria Literária ele nos forjava a sensibilidade e a visão de mundo, nos confrontava sem mediação com a Poesia, apostando em seu poder transformador. Iniciava seus alunos nas interpretações de texto – as suas análises de poemas eram absolutamente extraordinárias. Um pouco disso se tem no livro *Na Sala de Aula*, que recolhe o seu trabalho com poesia em cursos da graduação na Maria Antônia. Aliás, um dos postulados da sua práxis como professor era, exatamente a prevalência do texto, o privilégio da matéria-prima literária, sobrepondo-se ao estudo da bibliografia teórica.

***

Importa também falar de Antonio Candido como Orientador, e sua singularidade.

Uma de suas práticas era mergulhar seus orientandos num caldo cultural. A pós-graduação implicava, como atualmente, o cumprimento de créditos em disciplinas ministradas por outros professores. Pois bem, eu ia – diplomaticamente – dizer que ele nos "sugeria" os cursos, mas, de fato, ele os determinava a cada um de nós. E foi assim que em 1967-1968 eu fiz, na Maria Antônia, um curso de Sociologia da Literatura com Rui Coelho ("Problemas da Personalidade na Literatura" – em que o professor dissertava largamente sobre Proust), um curso de Cinema e Literatura com Paulo Emílio Salles Gomes e um curso de Teatro com Décio de Almeida Prado. Mais tarde, viria – já na segunda fase da pós-graduação transferida para a Cidade Universitária, um curso de Estética do Modernismo com a Professora Gilda de Mello e Souza. Só mais tarde vim a me dar conta de que nós éramos então alunos do Grupo de *Clima* – seríamos os "chato-netos"?[11] *Clima* era a revista que esses grandes mestres da década

---

11. Oswald de Andrade tinha chamado os rapazes de *Clima*, por conta de sua seriedade e precocidade, de "os chato-boys". E num bilhete ao redator, no n. 5 da revista, de outubro de 1941, escreve: "A sua geração lê desde os três anos. Aos vinte tem Spengler no intestino. E perde cada coisa". A réplica de Antonio Candido será dada em depoimento recolhido em *Plataforma da Nova Geração*, Porto Alegre, Livraria do Globo, 1945: "[...] Garanto-lhe que não, meu caro Oswald. O negócio não é assim tão simples. É preciso compreender que o sentido dessa tendência para o estudo corresponde em nós a uma imposição da necessidade social de crítica. E a necessidade de pensar as obras que vocês e seus companheiros fizeram, sem compreender bem o que estavam fazendo, como é de praxe" [apud Haroldo de Campos, "A Evolução da Crítica Oswaldiana", *Revista Literatura e Sociedade*, n. 46, p. 47, Universidade de São Paulo, 2004].

de 1960 tinham fundado, em 1941, quando eram extremamente jovens, e que tinha no seu núcleo duro exatamente os nossos professores da pós-graduação da Maria Antônia: Antonio Candido, Dona Gilda, Paulo Emílio, Décio Almeida Prado, Rui Coelho – esse elenco extraordinário de intelectuais, lecionando cada um a sua especialidade – a mesma que lhes tinha cabido como responsáveis pelas diferentes sessões da revista *Clima*. Efetivamente, como relata Antonio Candido numa entrevista a Heloisa Pontes, para a *Revista Brasileira de Ciências Sociais*, foi na revista *Clima*, cuja ideia de criação tinha sido de Alfredo Mesquita, e cuja direção coube a Lourival Gomes Machado, que esse grupo de jovens amigos empenhados assumiu tarefas que definiriam suas atividades profissionais futuras. Diz ele:

> Foi nessa revista que assumimos tarefas que marcariam o nosso futuro intelectual: na ordem, eu fiquei com os Livros, Décio com Teatro, Paulo Emílio com Cinema, Lourival com Artes Plásticas, Antônio Branco Lefèvre com Música, Roberto Pinto de Souza com Economia e Direito. Pode-se dizer que só os dois últimos não se desviaram da sua formação. Lefèvre foi crítico musical apenas naquele momento, concentrando-se o resto da vida na neuropediatria. Roberto sempre cuidou de economia política como professor e pesquisador na USP, de modo que não estava se desviando[12].

Continuando o horizonte aberto na graduação, vejo agora com uma perspectiva histórica que a pós-graduação com Antonio Candido pautou a atuação de muitos de nós como futuros docentes dos Departamentos de Teoria Literária de outras universidades (sobretudo USP e Unicamp), sugerindo modelos para grades curriculares em Teoria Literária e Literatura Comparada, inspirando montagens de programas e minutas de cursos. E sobretudo nos marcando com essa aderência ao texto e com a postura de relacionar Literatura e Sociedade, articulando uma visada estética a uma visada histórica: ideias que serviriam de lastro para a atuação profissional posterior de seus alunos.

Em inícios da década de 1970, o professor efetivou, com alguns de seus orientandos, o projeto de um levantamento da crítica brasileira. Ele próprio tinha começado esse rastreamento, com uma tese sobre Sílvio Romero; João

---

[12]. Entrevista de Antonio Candido para Heloisa Pontes, *Revista Brasileira de Ciências Sociais*, versão impressa ISSN 0102-6909, versão on-line ISSN 1806-9053, vol. 16, n. 47, São Paulo, out. 2001, disponível em: http://dx.doi.org/10.1590/S0102-69092001000300001.

Alexandre Barbosa tinha feito seu doutorado sobre Érico Veríssimo, outros orientandos trabalhavam nos mestrados sobre os críticos do Modernismo; João Lafetá, sobre a crítica da década de 1930. A mim coube estudar Álvaro Lins, um crítico da década de 1940, e no meio da redação da dissertação, dei uma travada. Tratava-se de um crítico da década de 1940, impressionista, e seria importante situá-lo entre os intelectuais de sua geração, não apenas no Brasil, mas no panorama europeu – sobretudo entre os franceses. Pois bem, Antonio Candido não apenas indicava as leituras, mas fornecia a bibliografia – providenciava concretamente os livros que não se tinha possibilidade de achar. Era em sua biblioteca da casa de Poços de Caldas – onde a família tinha morado – que estavam os seus livros sobre crítica literária do período. E em vez de ficar trazendo livros para a orientanda em São Paulo, ele inverteu a coisa: me mandou para Poços, para passar duas semanas nessa casa onde estava sua biblioteca, aos cuidados da caseira, D. Manoelina. E nessa casa de Poços, que é meio mágica, e cujas paredes estavam forradas de estantes ou cobertas de fotos da família, e onde por sinal estavam os cadernos de Antonio Candido – na tradição francesa dos *cahiers* – eu tive como que uma imersão no objeto de tese, na atmosfera dessa tese – e foi aí que a minha pesquisa deslanchou. E sei que não foi só por conta dos livros que lá eu encontrei – mas por conta do ar que se respirava nessa casa.

Lembro-me de que uma vez, comentando sobre "orientação" de tese, ele disse que o essencial era "estabelecer condições intelectuais e afetivas para que o estudante pudesse desenvolver o seu trabalho". Condições intelectuais e afetivas. Trata-se de alguma coisa que pra mim ficou muito clara: que o processo de "conhecimento" não se faz isolado, sozinho. Até etimologicamente. Vou abrir um parênteses para uma reflexão etimológica: conhecer é diferente de saber. Saber vem do radical latino de *scire* (de onde se originou "ciência" – e tem uma característica propriamente racional, puramente intelectual. Conhecer vem do latim *cognoscere*, de *cum* + *gnoscere*, em que ressalta o prefixo *co*, do latim *cum* = com: de comunicação, partilha, experiência conjunta. Sem comunhão, não haveria conhecimento possível. O processo de conhecimento se faz em comunhão (o que seria já um primeiro argumento contra os cursos não presenciais. A convivência discípulo-mestre é absolutamente essencial).

Na sequência, veio o doutorado. Mas aí eu já estava mais crescidinha e o orientador me deixou livre. (Num processo de formação, cabe o exercício da liberdade, com todos os seus riscos.) Eu dei umas cabeçadas, hesitei um tanto, pensei em vários assuntos, rascunhei uns três projetos e acabei me definindo pela crítica literária de Sérgio Buarque de Hollanda. (O Sérgio Buarque era historiador, mas também crítico de Literatura de primeira linha) Mas, depois... resolvi trabalhar com a canção de Chico Buarque, estabelecendo um paralelo entre poesia e política. Em vez de tratar da obra de crítico de Sérgio Buarque, fui tratar da obra de compositor de Chico, fazendo uma leitura ideológica das suas canções. Passei de pai para filho, ficou tudo em família. Chico Buarque, embora já fosse um compositor consagrado, era um autor extremamente jovem – estava no meio da casa dos trinta anos: não podia existir um "objeto de tese" mais contemporâneo; não dá pra se imaginar, agora, o significado disso. Efetivamente, foi Antonio Candido que abriu a universidade para autores da atualidade como objetos de tese. Agora isso se tornou corriqueiro, mas na década de 1970 era absolutamente impensável. Foi Antonio Candido, aliás, que tinha começado a orientar teses sobre Mário de Andrade, Oswald de Andrade, sobre os modernistas – mas esses eram autores de uma geração imediatamente acima da dele. No entanto em 1975, Antonio Candido passou a orientar tese sobre um autor que era da idade dos seus alunos! Há mais: foi algo de pioneiríssimo, em termos acadêmicos, um doutorado sobre um compositor popular: era a entrada da MPB na Universidade. Num parênteses, não posso deixar de registrar que Antonio Candido, que gostava do Adoniram Barbosa, escreveu, por essa mesma época, um texto para um encarte de um disco dele, de 1980.

Voltando ao meu doutorado: eu me lembro que coloquei para o Orientador o novo tema escolhido à queima roupa: "Professor, o senhor acha que Chico Buarque dá tese?" Resposta: "Adélia, Chico Buarque dá samba". Mas depois o Professor leu o projeto – como eu disse, uma leitura ideológica da canção de Chico, encarada como "poesia-resistência", e consagrou-o como objeto de tese. Aprovou e me deu todo suporte para a elaboração do doutorado[13]. No registro anedótico: ele passou a dizer que eu era chicóloga...

---

13. E que logo virou livro: Adélia Bezerrra de Meneses, *Desenho Mágico. Poesia e Política em Chico Buarque*, São Paulo, Ateliê Editorial, 2002, 3. ed. (Prêmio Jabuti de Ensaio de 1982).

Antonio Candido: um desses seres que, uma vez conhecidos, imediatamente se transformam em paradigma. Esse professor não nos ensinou somente uma maneira de pensar a literatura, mas de pensar o Brasil, pensar a vida.

6

Professor Antonio Candido e Sua Influência em Meu Percurso Acadêmico

NORMA GOLDSTEIN

FUI ALUNA E ORIENTANDA DO PROFESSOR ANTONIO CANDIDO. Relato, neste texto, o quanto essa experiência marcou minha trajetória na docência e na pesquisa. Por vezes, talvez eu me aproxime do tom confidencial. Ele mesmo dizia: "orientando é como filho", ou seja, laços e trocas criam vínculos de respeito e afeto.

Em 1963, o quarto ano do curso de Letras da Faculdade de Filosofia, Letras e Ciências Humanas da USP dedicava quatro aulas semanais à recém-criada disciplina de Teoria Literária. Nesse ano, o curso foi centrado no estudo do texto poético, com ênfase na análise da *Antologia Poética* de Manuel Bandeira.

No final do curso de Letras, eu me considerava boa leitora de poesia. Descobri, no curso do mestre, que ainda havia muito a aprender. Os textos eram analisados de modo a levar em conta a multiplicidade de seus aspectos: composição, ritmo, escolhas lexicais, construções morfossintáticas e, sobretudo, a contribuição dessas características para o sentido do poema. Entrava em jogo, ainda, a relação do texto com o contexto de sua época.

As anotações desse curso, feitas por alunos de diferentes turmas, resultaram na publicação de um livro pela Associação Editorial Humanitas, da FFLCH – Faculdade de Filosofia, Letras e Ciências Humanas: *Estudo Analítico do Poema*. A obra tem tido edições sucessivas.

Percebi que, até então, minhas leituras de poesia haviam sido incompletas. Esse curso desencadeou um processo de gradual ampliação e interesse pelo estudo do texto literário, em particular do poema, direcionando a continuidade de minhas pesquisas ao longo do mestrado, do doutorado e da vida acadêmica, motivada por meu orientador.

Ele era um grande professor. Quando ministrava cursos, sempre trazia as aulas redigidas para a classe. A respeito desse costume, ele repetia o conselho: "ao preparar um curso, anotem, escrevam; talvez isso venha a ser o esboço de um artigo, uma apresentação, um capítulo de livro". As aulas costumavam terminar com uma proposta de reflexão a ser apresentada por nós, alunos, na aula seguinte. No momento de nossas observações, por vezes, cometíamos equívocos, mas seus comentários habilidosos nos guiavam para a resposta adequada.

Inevitável comentar que ele tinha um modo especial de motivar alunos e orientandos, levando-nos a acreditar no próprio potencial. Suas intervenções eram sempre solidárias e respeitosas, sem deixar de ser precisas e críticas.

No quarto ano da graduação, os alunos deveriam analisar um dos poemas da *Antologia* de Manuel Bandeira. O professor disse que enviaria os trabalhos para a leitura do poeta, estratégia que nos animou a trabalhar com o máximo empenho.

Parte dos poemas interpretados nesse curso tiveram análises reveladoras feitas pelo professor. Associadas a outras mais, elas compuseram outro livro extremamente útil, publicado pela editora Ática: *Na Sala de Aula. Caderno de Análise Literária*.

Depois de estudar outros autores no mestrado, eu retornaria ao poeta Manuel Bandeira, na tese de doutorado.

***

No período do mestrado, éramos um grupo de alunos que se reunia periodicamente, para discutir textos teóricos assim como o rumo das respectivas pesquisas. O orientador propôs visitarmos uma época pouco explorada da nossa produção literária – o primeiro quartel do século XX: crítica, prosa literária, poesia. A escolha do tema foi individual.

Eu desejava analisar poemas e o mestre sugeriu-me optar pelo penumbrismo, corrente poética pouco estudada entre nós. Seu principal representante é Ribeiro Couto. Outros poetas, durante certo período, também visitaram a tendência. Minha pesquisa contribuiria para resgatá-los.

Além das obras de fundamentação teórica, pesquisei a produção de vários poetas do período. Na dissertação, foram comentados Mário Pederneiras, Olegário Mariano, Guilherme de Almeida e Ribeiro Couto.

Um dos traços marcantes do penumbrismo é o intimismo melancólico, como ilustra o poema de abertura do livro homônimo de Olegário Mariano, "Evangelho da Sombra e do Silêncio"[1]:

> O silêncio das coisas me comove
> Sinto-o principalmente quando chove.
> Que sonolência enerva as almas... Que apatia
> Que saudade da vida e da alegria!
> Que saudade de tudo que ama e existe!
> Como me encanta a natureza triste!

A estética penumbrista caracteriza-se, ainda, pela temática do cotidiano – que se tornaria frequente no modernismo –, por ambientes envoltos em meia-luz, pelos sentimentos atenuados e pela musicalidade em "surdina", título de um poema de Ribeiro Couto[2] do qual seguem as estrofes inicial e final:

> Minha poesia é toda mansa.
> Não gesticulo, não me exalto...
> Meu tormento sem esperança
> Tem o pudor de falar alto.
> [...]
> Para não ferir a lembrança
> Minha poesia tem cuidados...
> E assim é tão mansa, tão mansa...
> Que pousa em corações magoados
> Como um beijo numa criança.

Do ponto de vista rítmico, na produção penumbrista, versos regulares alternam-se com polimétricos, num processo de gradual dissolução da regularidade métrica, antecipando o ritmo solto do verso livre modernista, como sugere "Melancolia", do livro *A Frauta de Pã*, de Guilherme de Almeida[3]:

---

1. Norma Goldstein, *Do Penumbrismo ao Modernismo: Manuel Bandeira e Outros Poetas Significativos*, São Paulo, Ática, 1983, p. 28.
2. Riberio Couto, *Poesias Reunidas*, Rio de Janeiro, Livraria José Olympio Editora, 1960, p. 55.
3. Norma Goldstein, *op. cit.*, pp. 68-69.

Um galho,
um nevoeiro grisalho,
uma folha amarela:
nada mais na moldura da janela.
Último ramo, última névoa, última folha,
último sonho vão:
última bolha
de sabão...
[...]

A melancolia presente nos penumbristas tem um caráter peculiar. Trata-se de sentimento fruído, aceito, quase cultivado. Por vezes, a atmosfera triste, em ambiente interior onde está o poeta, faz contraste com o espaço externo que lhe chega por manifestações sensoriais sinestésicas. Esse processo está presente em "Carícia", de Ribeiro Couto[4]:

Todo rumor que lá de fora,
chega a meu quarto de doente,
perde a intensidade sonora:
vem de leve, amortecidamente...

Pregões de vendedores, risos,
o malhar das bigornas, – tudo
toma contornos indecisos
de ressonâncias em veludo.

Nessas alegres vizinhanças,
aí abaixo pelos morros,
quanta algazarra de crianças,
de galináceos, de cachorros!
[...]
Nos meus finíssimos ouvidos
essas vozes pousam de manso,
em sons quase diluídos,
maternalmente, bem de manso,
de embalar a recém-nascidos...
[...]

---

4. Ribeiro Couto, *op. cit.*, p. 82.

O mestrado foi defendido em 1975. Logo em seguida, teve início a pesquisa do doutorado que retomou o poeta estudado no final da graduação.

***

O orientador sugeriu complementar a pesquisa voltada ao Penumbrismo pelo estudo dos três primeiros livros de Manuel Bandeira: *A Cinza das Horas*, de 1917; *Carnaval*, de 1919; e *Ritmo Dissoluto*, de 1924. Nas duas obras iniciais, ressaltam as características penumbristas. A terceira configura-se como uma transição para o Modernismo, conservando alguns traços penumbristas. De certo modo, esses traços permanecem em toda a produção bandeiriana, como será comentado adiante, ao ser relatado um projeto desenvolvido com jovens pesquisadores.

O processo de escolha do *corpus* a ser analisado foi debatido com o orientador. Ele sugeriu que eu pesquisasse os traços marcantes – aqueles que se revelassem mais frequentes no conjunto das três obras. Depois de várias releituras, elaborei duas tabelas: uma com a temática, outra com características formais. Os poemas que apresentavam o maior número desses traços foram os selecionados para compor o *corpus* e serem analisados. Passo ao comentário de alguns deles.

"Cartas de Meu Avô" reúne doze quartetos que relembram e homenageiam o relacionamento afetivo dos avós do poeta. A nona estrofe tem um tom confessional:

> E eu bendigo, envergonhado,
> Esse amor, avô do meu...
> Do meu – fruto sem cuidado
> Que ainda verde apodreceu...[5]

O início da estrofe traz uma inversão: não é o avô que abençoa o neto, mas o contrário. O adjetivo "envergonhado" sugere duplo sentido: a vergonha de desvendar a intimidade dos avós? Ou a vergonha de não ter podido seguir-lhes o exemplo? A tensão entre bênção e vergonha acentua a ternura do verso

---

5. Manuel Bandeira, *Estrela da Vida Inteira*, Rio de Janeiro, Livraria José Olympio Editora, 1966, pp. 17-18.

seguinte: "esse amor, avô do meu". À realização amorosa dos versos iniciais, opõe-se a frustração afetiva dos versos finais: "fruto sem cuidado / que ainda verde apodreceu".

Vários procedimentos ilustram um traço predominante no Penumbrismo: a estética da atenuação. Atenuação da luz, do som, dos laços e sentimentos amorosos. Mesmo quando há uma paixão, ocorre uma ruptura ou um desvio, o fervor amoroso se reduz e é refreado.

"Ao Crepúsculo"[6] ilustra o processo. A transformação do amor em ternura se faz presente em algumas passagens:

> O crepúsculo cai, tão manso e benfazejo
> [...]
> Eu penso em ti, apaziguado e sem desejo
> [...]
> Tu mortificarás teu casto coração
> Na dor de revocar o noivado precário.

Na quarta e última estrofe, os versos finais valorizam a lembrança como matriz da atenuação amorosa:

> Se nos aparta o espaço, o tempo – esse nos liga,
> A lembrança é no amor a cadeia mais pura.
> Tu tens o grande Amigo e eu tenho a grande Amiga:
> O mar segredará tudo quanto eu te diga,
> E a montanha dir-me-á tua imensa ternura.

O mesmo recurso reaparece no "Poemeto Erótico"[7]. A paixão declarada não se realiza. Prevalece a ambiguidade amorosa, num movimento que se interrompe ou se desvia, como nesta metáfora que envolve a criação poética:

> Teu corpo claro e perfeito,
> – Teu corpo de maravilha,
> Quero possuí-lo no leito
> Estreito da redondilha.

6. *Idem*, pp. 37-38.
7. *Idem*, pp. 27-28.

O título do segundo livro, *Carnaval*, poderia levar a pensar que nele prevalece o clima de alegria e os festejos típicos desse período do ano. No entanto, a expectativa não se cumpre, embora seja constante a presença das figuras de Colombina, Arlequim e Pierrot. O clima melancólico de tristeza se manifesta em vários poemas, como ilustra "A Silhueta"[8] que traz o estribilho entoado por "um Pierrot de vestes de seda negra":

> E uma tristeza de tal sorte
> Vem nessa pobre voz humana,
> Que se pensa em fugir na morte
> A miséria cotidiana.

No terceiro livro, *Ritmo Dissoluto*, convivem traços do penumbrismo e do modernismo. Um exemplo é "A Estrada"[9], aqui transcrito na íntegra:

> Esta estrada onde moro, entre duas voltas do caminho,
> Interessa mais que uma avenida urbana.
> Nas cidades todas as pessoas se parecem.
> Todo o mundo é igual. Todo o mundo é toda a gente.
> Aqui, não: sente-se bem que cada um traz a sua alma.
> Cada criatura é única.
> Até os cães.
> Estes cães da roça parecem homens de negócios:
> Andam sempre preocupados.
> E quanta gente vem e vai!
> E tudo tem aquele caráter impressivo que faz meditar:
> Enterro a pé ou a carrocinha de leite puxada por um bodezinho manhoso
> Nem falta o murmúrio da água, para sugerir, pela voz dos símbolos,
> Que a vida passa! que a vida passa!
> E a mocidade vai acabar.

Nesse poema, mesclam-se versos livres e polimétricos. O poema faz um paralelo entre o campo e a cidade, evidenciando, no segundo verso, que o poeta simpatiza com a paisagem campestre. Nos versos três e quatro, repete-se o pronome indefinido "todo", sugerindo a similaridade de seres urbanos massificados e desindividualizados.

8. *Idem*, p. 60.
9. *Idem*, p. 92.

O trecho seguinte, do verso cinco ao doze, retrata o quadro oposto. O pronome indefinido, aqui, é "cada", individualizando as criaturas "da roça", onde "tudo tem aquele caráter impressivo que faz meditar", como as pequenas cenas: "enterro a pé", "carrocinha de leite puxada por um bodezinho manhoso".

Nos três versos finais, alça-se o voo da meditação à reflexão filosófica, sugerida pelo "murmúrio da água": "a vida passa" e "a mocidade vai acabar". O "nem" que abre o antepenúltimo verso separa este grupo dos versos precedentes. Assim, o fecho do poema transforma-se numa espécie de chave de outro deste antissoneto em quinze versos de ritmo libertado.

Notem-se as sugestões de cor e movimento do início do poema, complementadas, no final, pela sugestão sonora que aponta a transitoriedade da vida. Ao leitor e intérprete, a escolha de como usufruir da mocidade que "vai acabar".

Os poemas foram lidos na edição da obra completa de Bandeira, *Estrela da Vida Inteira*. Era preciso confrontar essa edição com a primeira de cada uma das obras analisadas. Tive o privilégio de ser recebida pelo Professor Antonio Candido e Dona Gilda na biblioteca da casa de Poços de Caldas, para consultar as edições *princeps* de *Cinza das Horas*, *Carnaval* e *Ritmo Dissoluto*. O paralelo entre estas e a da poesia completa foi registrado em notas de rodapé. A tese de doutorado foi concluída em 1980 e defendida nesse mesmo ano.

Em 1983, foi publicada pela editora Ática a reunião de minha dissertação de mestrado e de minha tese de doutorado, no livro *Do Penumbrismo ao Modernismo: O Primeiro Bandeira e Outros Poetas Significativos*. O Professor Antonio Candido aceitou gentilmente escrever o prefácio.

***

Como docente da Faculdade de Filosofia, Letras e Ciências Humanas da Universidade de São Paulo, propus a um grupo de alunos um projeto coletivo: a continuidade do estudo da obra de Manuel Bandeira. Durante oito anos, fizemos reuniões periódicas para ler e analisar seus poemas, assim como debater textos de apoio teórico. Além de iniciar os alunos na pesquisa científica, a finalidade da orientadora era retomar o estudo dos "traços marcantes" da poesia bandeiriana, a partir da pesquisa anterior sobre suas três primeiras obras. A maioria dos participantes foi bolsista do CNPq ou da Fapesp. A seriedade destes iguala-se à dos que, por diversos motivos, não desfrutaram de nenhum apoio institucional.

O Professor Antonio Candido acompanhou o projeto ao longo de toda sua duração. Leu e comentou o livro que resultou dessa tarefa coletiva.

Vários estudantes permaneceram no grupo, ao longo de todo o processo, realizando a própria pesquisa, apoiando a dos colegas, colaborando na composição do texto final. Além disso, todos eles fizeram apresentações nos eventos da USP destinados a divulgar as pesquisas do PIBIC (Programa Institucional de Bolsas de Iniciação Científica). Atualmente, parte deles defendeu mestrado e doutorado e atua em diferentes espaços acadêmicos.

Durante o projeto, cada estudante ou cada dupla ocupou-se de uma obra, tendo sido aperfeiçoada por eles a fórmula utilizada pela orientadora para calcular a presença dos traços característicos do poeta. Eles recorreram ao auxílio da estatística e do desvio padrão, obtendo maior precisão no quadro de traços marcantes, transcrito na parte final do livro resultante da pesquisa: *Traços Marcantes no Percurso Poético de Manuel Bandeira*[10].

Alguns capítulos tiveram redação individual, outros, em dupla. A expectativa do grupo era esclarecer alguns dados a mais sobre a poesia de Bandeira, bem como apontar a lista de seus poemas mais significativos – conforme os traços marcantes –, voltando-se tanto para os apreciadores do poeta, quanto para os colegas que atuam no ensino fundamental e médio, fornecendo-lhes indicações para a escolha de uma possível antologia de leitura.

Todos os capítulos apresentam comentários ou análises de poemas, com diferenças decorrentes do estilo de seu redator. Vou percorrê-los resumidamente, segundo a ordem de publicação das obras, a mesma constante no livro coletivo.

Ana Elvira Luciano Gebara redigiu "Libertinagem – Espaço e Tempo, A Ocupação Bandeiriana". Dentre outros comentários, a autora volta-se para a linguagem coloquial:

---

10. Norma Goldstein (org.), *Traços Marcantes no Percurso Poético de Manuel Bandeira*, São Paulo, Associação Editorial Humanitas, 2005.

O registro coloquial, embora não seja predominante, repetidas vezes, aparece em escolhas lexicais, pois nos poemas deste livro os versos têm em seu ritmo a prosódia da fala, dando a impressão de espontaneidade, onde na verdade existe consciência da língua[11].

Em "Poética"[12], a proposta fica evidente:

A vida não me chegava pelos jornais e pelos livros
Vinha da boca do povo na língua errada do povo
Língua certa do povo
Porque ele é que fala gostoso o português do Brasil.

A autora conclui:

Construções e desconstruções de tempos da memória, emoções que são desvendadas, simplesmente relatadas, esquecidas, afagadas. O livro se sustenta em tramas tão perfeitas que permitem ao poeta escrever que alcançou aquele lirismo preconizado- o lirismo que é libertação.

Eliane de Abreu M. Santoro, responsável pelo capítulo "Onde Está a Estrela da Manhã?" afirma:

[...] após as conquistas formais e temáticas do Modernismo, Bandeira regressa, em *Estrela da Manhã*, a um estilo semelhante ao dos livros iniciais [...] como um penumbrismo relido pelo modernismo.

A autora vê no poema de abertura que dá título ao livro uma espécie de "Cântico dos Cânticos" bandeiriano, numa busca entre o sublime e o sagrado.

O capítulo seguinte é de autoria de Júlio César Machado de Paula, com colaboração de Mônica Simões Francisco de Sales e traz um título interdisciplinar: "Bodas de Bandeira: Lira dos Cinquent'anos *nel mezzo del camin*".

Destaco duas considerações dos autores:

O que, em livros anteriores é presença latente, subentendida, seja no Modernismo ainda embrionário de *Ritmo Dissoluto*, seja no Penumbrismo persistente de *Estrela da Manhã*, em *Lira dos Cinquent'anos* é encontro franco e aberto, em convívio harmonioso /.../ entre tradição e modernidade[13].

[...] a poesia de Bandeira é seu vínculo, talvez o mais profundo, com o mundo cotidiano, personificado em seus versos sobretudo por uma adesão ao popular, num apego solidário ao humilde[14].

11. Norma Goldstein, *Traços Marcantes...*, 2005, p. 27.
12. Manuel Bandeira, *op. cit.*, p. 108.
13. Norma Goldstein, *Traços Marcantes...*, 2005, p. 62.
14. *Idem*, p. 82.

"Belo Belo" nomeia um poema e um livro, analisado no capítulo de Erline Tuma Vieira dos Santos: "Do porão ao sótão: *Belo Belo* de Manuel Bandeira". Segundo ela, percebem-se "imbricadas em sua tessitura composições das mais variadas, nas quais o novo e o antigo se misturam e se complementam".

O capítulo seguinte é de autoria de Ana Cecília Água de Melo: "Jogo de Espelhos. Estudo de Opus 10". A autora vê na obra a mescla que vem a ser um dos elementos coesivos do livro, "as temáticas de morte e da memória". O conjunto dos oito poemas significativos do livro "compõe um prisma das oscilações da memória". A autora enfatiza contrastes entre a realidade interior e a exterior, entre o dia e a noite, entre a vida e a morte, como sugere o excerto de "Consoada"[15]:

> Quando a indesejada das gentes chegar
> [...]
> Talvez eu tenha medo,
> Talvez sorria ou diga:
> – Alô, iniludível!
> O meu dia foi bom, pode a noite descer.
> [...]

Júlio Cesar Machado retorna como autor em *Estrela da Tarde: Um Círculo que Se Fecha*, último livro de poemas publicado por Manuel Bandeira. Ele afirma que não considera a obra como um ponto final, mas uma produção em que Bandeira procurou unir "elementos da tradição poética e recursos estéticos nascidos com o modernismo". E ainda: "aqui, seus diversos caminhos se entremostram, não dispersos, distantes ou paralelos, mas como um círculo, com início e final harmoniosamente interligados".

O penúltimo capítulo, "Mafuá do Malungo – A Poesia de Circunstância de Manuel Bandeira" traz, novamente, a autoria de Eliane de Abreu Maturano Santoro. O dicionário explica que "mafuá" é uma feira ou parque de diversões, com jogos, barracas, carrosséis; e "malungo" significa companheiro, camarada. A obra contém homenagens, dedicatórias e outras composições de circunstância.

O capítulo final, de Ana Elvira Luciano Gebara e Mônica Francisco de Sales Tambelli, é dedicado às traduções feitas pelo poeta e denomina-se "A Intuição na Tradução Bandeiriana: Som Sem Suor?"

---

15. *Idem*, p. 111.

Dizem as autoras: Traços temáticos como ternura pelo tema, tipos comuns, morte, envolvimento, tristeza, que foram ressaltados pela sua frequência significativa em outros capítulos, retornam no livro *Poemas Traduzidos*. Talvez a explicação para essa coincidência esteja no trecho "[...] só traduzo bem os poemas que gostaria de ter feito, isto é, os que exprimem coisas que já estavam em mim, mas informuladas"[16].

***

Além desse projeto coletivo, algumas orientações de mestrado e doutorado tiveram foco em poetas: José Paulo Paes, Cecília Meireles, Manuel Bandeira, Affonso Romano de Sant'Anna, Ferreira Gullar. Também orientei dissertações e teses voltadas ao trabalho com poesia na sala de aula, visando a instrumentar professores do ensino fundamental, médio e superior, de modo a atuarem em sala de aula de modo a aperfeiçoar o processo de leitura literária de alunos de diferentes níveis de ensino.

Atividade similar foi desenvolvida em palestras e assessorias voltadas à formação de professores de ensino fundamental e médio, tanto do ensino público, quanto do particular.

Em todas essas etapas, os ensinamentos do professor Antonio Candido estiveram presentes. Eles motivaram minha trajetória acadêmica e foram decisivos para meu amadurecimento intelectual.

---

16. Manuel Bandeira, *op. cit.*, 1992, pp. 30 e 33.

O INTELECTUAL

7

Perfis

Walnice Nogueira Galvão

NA OBRA DE ANTONIO CANDIDO, a toda hora repontam retratos de pessoas que conheceu – e até, em alguns casos, que não conheceu. Essa fina arte retratista brinda tanto intelectuais de relevo na esfera da cultura e do pensamento quanto militantes políticos ou pessoas cujos rastros se esfumaram. O jogo entre memória, reminiscência e exemplaridade, embora discreto, traz importantes questões para primeiro plano.

Estes perfis, embora não passem longe das *Vidas* de Plutarco, decorrem talvez mais das leituras de adolescência, sobretudo La Rochefoucauld, Vauvenargues, Montaigne, que a mãe lhe pôs nas mãos. A frequentação dos moralistas franceses desembocaria, naturalmente, nas vinhetas recamadas por Saint-Simon no painel da corte do Rei Sol, autor em quem se louvaria Proust ao traçar suas personagens. Esta arte dos salões, com seu cultivo do *esprit*, assinala a criação, tanto oral quanto escrita, do retrato, da máxima, dos aforismos, dos epigramas, das memórias – que no fundo não deixam de ser auto-retrato –, do romance psicológico. Como expansão dos protocolos do colóquio, convêm aos dons de um conversador esmerado, cujo raro poder de penetração de identidades eventualmente vai até à personificação.

Entretanto, saem da pena de um leitor de Shakespeare, habituado aos "estudos de caráter" constantes de seus poderosos afrescos (*"I come to bury Caesar, not to praise him"*). Graças à força desses perfis, é lícito indagar se as pessoas se metamorfoseiam, tornando-se exemplares.

***

Aparecendo em formas menores como prefácio de livros alheios, arguição de tese, artigo, resenha, saudação protocolar, cerimônia fúnebre, despedida, discurso, são de vária natureza.

Alguns poucos sujeitos tiveram seu perfil expandido para um estudo propriamente baseado em pesquisa. É o caso do voluntário da pátria, de Teresina, do funcionário da monarquia e do barão que deu com os costados em Poços de Caldas. E importa pouco que o autor não tenha conhecido nem o voluntário nem o funcionário, todos recebendo um rigoroso trabalho de reconstituição histórica.

Outros, dada sua envergadura no panorama do pensamento brasileiro e à obra da maior relevância, além da reminiscência da personalidade ganham também estudo em moldes universitários; e em geral mais de um. A eles nosso autor voltaria várias vezes, como se cada escrito gerasse uma insatisfação. Entre os privilegiados, afora Mário de Andrade, Roger Bastide e Oswald de Andrade, estão Sérgio Buarque de Holanda e Florestan Fernandes, cuja carreira e trabalhos Antonio Candido viu-se desenrolar próximos e simultâneos aos seus.

A ambos, homens de ação política e de posições radicais, retornaria vezes sem conta. Seus escritos reunidos sobre Florestan renderiam um livro inteiro. Sobre Sérgio, organizou um seminário cujos anais resultaram num livro, assim como preparou para publicação o póstumo e inconcluso *Capítulos de Literatura Colonial*.

Outro grupo é integrado por pessoas de sua admiração, que atuaram no mundo como líderes de realizações em prol dos outros, com desempenho marcante na área da educação e da cultura: Darcy Ribeiro, Fernando de Azevedo, Freitas Valle, Richard Morse, Cruz Costa, Anatol Rosenfeld, Lúcia Miguel Pereira.

Ainda mais um é composto pelos militantes políticos, de que Teresina é modelar embora também pertença à primeira categoria, a do estudo propriamente histórico. São eles: Azis Simão, Febus Gikovate, Arnaldo Pedroso d'Horta, Hélio Pellegrino, Luiz Roberto Salinas Fortes.

Dedicou vários à turma da revista *Clima*, que o acompanhou a vida inteira desde os tempos de estudante na Faculdade de Filosofia, quando compartilharam a época frutífera das definições profissionais e escolha de carreira.

Destacam-se entre eles os perfis de Paulo Emilio Salles Gomes, de Décio de Almeida Prado e de Ruy Coelho.

Afora Florestan, Sérgio, Mário, Bastide e Oswald, porém em craveira diferente, surgem outros grandes intelectuais que se destacaram especialmente pela obra. Alguns, seus amigos próximos, a quem o ligavam, além da admiração, também as posições políticas, como Caio Prado Jr. e Otto Maria Carpeaux; outros, mais distantes e menos afins, mas cuja obra adquire dimensão invulgar, como Gilberto Freyre.

Entretanto, são similarmente contempladas figuras em que menos se detiveram os holofotes e cujos rastros no panorama mundano, de curto alcance, se esgarçam com rapidez; mediante estes perfis, obtêm uma posteridade ampliada. Entre eles, Italo Bettarello, J.A. Leite Moraes, Luís Martins, Gioconda Mussolini, Pio Lourenço Correa.

É de notar que, crítico literário por profissão, raramente dedique um perfil a poeta ou romancista, o que faz pensar que provavelmente nos estudos "sérios" se esgotava seu interesse. Afora Mário e Oswald, três exceções perfazem uma gradação. Num extremo, Ungaretti, poeta erudito e professor na Universidade. No meio, Vinicius de Moraes, cindido entre a alta poesia e a música popular. No outro extremo, João Antônio, a quem consagra um prefácio que, situando-se aquém de um perfil, delineia sobretudo a originalidade da escrita, proveniente da imersão na "noite enxovalhada", com vivência pessoal dela e dos seres que a habitam.

***

Os perfis constituem balizas no tempo, padrões de referência que Antonio Candido vai fincando a seu redor. Nota-se neles o esforço para fazer o balanço de um caráter, de um temperamento, de uma contribuição, apanhando, talvez mais que a pessoa na História, a História na pessoa.

Ao apreender assim a tensão, o conflito, a contradição, tendência predominante nas análises, nas mais apuradas nosso autor chega à definição de um oxímoro central.

A Arnaldo Pedroso d'Horta cabe o de "solitário gregário", fartamente demonstrado no texto que o contemplou.

A Fernando de Azevedo, o de "oportunista desinteressado": não perdia oportunidade e fazia qualquer aliança política para realizar seus projetos públicos – mas nunca para si mesmo.

A Ruy Coelho, o de "dispersão concentrada".

A Gioconda Mussolini, por extenso, o do contraste entre a "inteligência crispada" e a "serenidade de texto".

Na elaboração desse oximoro central, define-se o mais recôndito e autêntico da pessoa, por assim dizer seu cerne, sua mola, o que a faz mover-se; mas também aquilo que a redime para além das aparências. Estas, as aparências, ficam num dos membros do oximoro, invariavelmente pejorativo e superficial. A doxa, ou a opinião corrente, rezava que Arnaldo era um solitário, o Dr. Fernando um oportunista, Ruy Coelho um dispersivo, Gioconda Mussolini alguém dado à elucubração. O perfil desmente a doxa (*"But Brutus says he was ambitious, and Brutus is an honourable man"*).

Como a conduta ética e intelectual de Antonio Candido proíbe o panegírico, estes retratos, ao valorizarem o que há de positivo nas personalidades, enfatizam a contribuição de cada um para o mundo, por mais humilde que seja.

A preferência pela síntese contida no oximoro pode ter alguma coisa a ver com "os crespos do homem", o "homem dos avessos", de que tanto cuidou em sua crítica ensaística; e que, embora tematizada em *Tese e Antítese*, se espraia por toda a obra. Em outros termos, Antonio Candido definiu-a como a dialética entre a ordem e a desordem. Isso é demonstrado por sua atenção às forças que se desavêm dentro de nós, e que só uma figura antitética extremada como o oximoro poderia expressar com o máximo de fidelidade.

Uma reflexão que pode ser proveitosa para este tema se encontra em "Crítica e Memória", de *O Albatroz e o Chinês*. Forçando um pouco o que diz da memória afetiva dos livros preferidos e do itinerário tortuoso que palmilhamos com eles, podemos adaptá-la para os amigos ou para pessoas mais distantes que nos impressionaram.

Em *Brigada Ligeira* já há o esboço de um perfil, o de Oswald, embora camuflado pela análise crítica meticulosa. Na *Formação da Literatura Brasileira*, se bem atentarmos, pululam os embriões de perfis. No livro contemporâneo deste, *O Observador Literário*, há outros mais: de Teresina – que depois ganharia volume independente –, de Mário, de Ungaretti, do tenentinho voluntário da pátria, mais tarde acrescidos do de Vinicius em reedição. E mais um de Oswald.

Na primeira edição de *Vários Escritos* o perfil está ausente, mas na mais recente, a quarta, há dois, os de Sérgio Buarque de Holanda e Paulo Emílio. Escritos dispersos, aparecem concentrados em *Recortes*, onde encontramos a evocação de Fernando de Azevedo, Gilberto Freyre, Carpeaux, Cruz Costa, Betarello, Luís Martins, Caio Prado Jr., Febus Gikovate, Azis Simão, Arnaldo, Ruy Coelho, Hélio Pellegrino, Salinas, o Barão, Roger Bastide, Anatol Rosenfeld. Textos curtos, encontram seu lugar neste volume só de textos curtos, embora, conforme a data de publicação, distribuam-se por várias décadas.

E ainda restaram alguns para o mais recente, *O Albatroz e o Chinês*, que conta com a presença de Pio Lourenço Correa, Lúcia Miguel Pereira, "Young Mr. Morse", João Antônio, Darcy Ribeiro.

***

A primeira vez que o "perfil" me chamou a atenção foi numa banca de doutoramento. Antonio Candido, no que então não pareceu muito a propósito, entregou-se a uma breve avaliação do há pouco falecido crítico literário Álvaro Lins, não mencionado na tese. Tempos depois, ao atuarmos outra vez numa mesa-redonda na Fundação Getúlio Vargas, novamente pouco a propósito, já que extrapolava de nosso tema, Antonio Candido disse algumas palavras sobre Paulo Emílio. O único nexo que ligava as duas intervenções era o recente desaparecimento de ambos. A partir daí passei a ficar alerta, e fui percebendo que, fosse qual fosse o escopo ou o ensejo, Antonio Candido prestava sem mais alarde a discreta homenagem de um elogio fúnebre àquele que se fora.

Plutarco dizia que começara a escrever as *Vidas* para edificação alheia, mas fora aos poucos percebendo que, com isso, sua casa se povoara de pessoas modelares, com quem passaria a conviver a cavaleiro dos séculos.

8

SERENIDADE E PAIXÃO:
O SOCIALISMO DE ANTONIO CANDIDO

PAULO VANNUCHI

JUNTAS, essas duas palavras resumem com rigor o que Antonio Candido foi em sua vida profissional, intelectual e social. Notável crítico literário e com lugar assegurado na galeria dos grandes intérpretes do Brasil no século XX – ao lado de Sérgio Buarque, Raymundo Faoro, Caio Prado, Florestan e Celso Furtado –, pautou sua longa vida por uma militância socialista também regida pelos dois termos.

Essa composição é rara. Na literatura, por exemplo, serenidade fala de Machado, Graciliano e Drumond, enquanto paixão é atributo de Castro Alves, Augusto dos Anjos e do seu amigo Oswald. No socialismo, quem não conhece a figura do jovem apaixonado, que esbraveja em casa, no trabalho e na escola? Que não hesita em desprezar a serenidade como virtude burguesa?

Pois é. Descrever o socialismo de Antonio Candido é contar sobre episódios, textos, entrevistas, discursos e conversas onde convivem – nítidas – a paixão mais convicta por esse ideal histórico e a serenidade dos grandes sábios. Ou do caipira que ele reencontrou em Bofete, às margens do rio Bonito, identificando naquele homem do povo muito do que tinha conhecido em sua própria infância na Mantiqueira.

No Brasil de hoje, onde a palavra serenidade soa como verdadeira peça de arqueologia, parece estranho valorizar esse dom. Também na Itália do mesmo século, outro pensador socialista não vinculado ao marxismo ortodoxo,

Norberto Bobbio, teve como um de seus mais importantes textos políticos e filosóficos "Elogio della Mitezza", termo que naquela língua possui significado semelhante. Para ambos, sem abandonar a necessária firmeza de convicções, uma pessoa – ou determinada força política – pode e deve reconhecer e respeitar o outro como inteiramente outro numa convivência civilizada que, somente assim, será democrática.

Ninguém traçou ainda o necessário paralelo entre esses dois grandes intelectuais de dois mundos. Serão detectadas afinidades fortes na valorização da política como cultura, bem como da chamada cultura política do pós-Guerra. Em Bobbio, isso aparece como defesa da moderação e da intermediação, da necessidade de um certo ecletismo para reconhecer que a verdade é sempre pluralista, nunca única. Ou, se fosse uma só, seria sempre uma escultura complexa e multifacetada, exigindo para ser conhecida a junção de distintos enfoques e doutrinas.

Ambos os intelectuais convergem, ainda, na compreensão de que as revoluções não existem apenas como grandes datas de ruptura histórica – 1789 e 1917, por exemplo –, mas também como processo deslizante que ignora calendários precisos, transformando os hábitos, as regras de convivência social e até mesmo as estruturas do poder. Avanços revolucionários nos direitos da mulher devem ser reconhecidos, nessa chave de leitura, como um saldo positivo legado pelo violento século XX, embora não contem com um momento fundador ou marco exato no calendário dos meses e anos.

Para Bobbio e Antonio Candido cabe também ao intelectual uma importante tarefa de intermediação ou moderação em disputas e conflitos, fugindo sempre da maldição lançada por Julian Benda em *La Trahison des Clercs*: ou trai suas convicções políticas e partidárias, ou trai sua condição de verdadeiro intelectual.

São abundantes os episódios em que Antonio Candido percorre as trilhas fascinantes da serenidade e da moderação, falando da literatura ou da sociedade em seus espelhamentos recíprocos. Em "Direito à Literatura", brilhante ensaio de 1988, ele resume em oito pontos o seu código para decifrar os traços essenciais da melhor condição humana:

1. O exercício da reflexão.
2. A aquisição do saber.
3. A boa disposição para com o próximo.
4. O afinamento das emoções.
5. A capacidade de penetrar nos problemas da vida.
6. O senso da beleza.
7. A percepção da complexidade do mundo e dos seres.
8. O cultivo do humor.

E arremata: "A literatura desenvolve em nós a quota de humanidade na medida em que nos torna mais compreensivos e abertos para a natureza, a sociedade, o semelhante".

Flávio Aguiar, seu aluno, amigo e companheiro no PT, cuidou de acentuar na forma de contraprova onipresente cada um desses itens, durante exposição em seminário de 2012 nas Ciências Sociais da USP, em homenagem a Antonio Candido:

1. A negação da reflexão como estratégia de dominação.
2. A satisfação com a própria ignorância e a dos outros, e seu estímulo programado.
3. O ódio ou o desprezo pelo próximo, e sua indução individual e coletiva;
4. O embrutecimento das emoções.
5. A capacidade de fugir ou negar os problemas da vida através de fantasias fanatizantes.
6. A fixação num único ideal de beleza, em geral narcisista, e a destruição de outras formas do belo como repugnantes, decadentes ou impuras.
7. A simplificação fanática do mundo e dos seres, em geral de forma maniqueísta e autocomplacente.
8. *Last but not least*, o cultivo do ressentimento e do amargor, e a confusão do humor com o sarcasmo destruidor do outro.

Relendo em 2019 as oito recomendações de Antonio Candido e as formulações contrastantes de Flávio Aguiar, assusta notar a carga premonitória que estava presente, sete anos antes, nas descrições antecipadas por este último do que viria a ser o Brasil da era Bolsonaro.

Mas não é este o propósito deste texto, e sim o resgate necessário – indispensável mesmo – da importância dessa síntese disjuntiva entre paixão e serenidade para que a sociedade brasileira busque a trilha perdida que leve a um futuro digno desse nome.

Se a serenidade de Antonio Candido já foi abordada até aqui, onde fica então a paixão política? Assim como Bobbio ou como o próprio Che, Antonio Candido foi uma dessas pessoas que abraçaram ideais socialistas já desde tenra adolescência, mesmo vivendo no seio de famílias relativamente abastadas, que nunca sofreram na carne a violência da fome ou da pobreza material.

Estudante de Direito no Largo de São Francisco, teve seu batismo político no enfrentamento do Estado Novo. Vinculou-se a agrupamentos de esquerda não tributários do tronco comunista hegemônico. Até sua morte em 2017, foram nada menos que oito décadas de militância socialista desenvolvida em complemento – nunca centralidade – ao seu labor sociológico educativo e literário.

É provável que nunca tenha falado tão apaixonadamente sobre sua orientação socialista como na antológica entrevista concedida a Joana Tavares no jornal *Brasil de Fato*, em 8 de agosto de 2011, publicação oficial do Movimento dos Trabalhadores Rurais Sem Terra – MST.

Mestre Antonio Candido começa bastante sereno:

> Tenho muita influência marxista, não me considero marxista, mas tenho muita influência marxista na minha formação e também muita influência da chamada escola sociológica francesa, que geralmente era formada por socialistas.
> Talvez eu seja aquilo que os marxistas xingam muito, que é ser eclético. Talvez eu seja um pouco eclético, confesso.
> Agora estou querendo reler alguns mestres socialistas, sobretudo Eduardo Bernstein, aquele que os comunistas tinham ódio. Ele era marxista, mas dizia que o marxismo tem um defeito, achar que a gente pode chegar no paraíso terrestre. Então ele partiu da ideia do filósofo Immanuel Kant, da finalidade sem fim. O socialismo é uma finalidade sem fim. Você tem que agir todos os dias como se fosse possível chegar no paraíso terrestre, mas você não chegará. Mas se não fizer essa luta, você cai no inferno.

Nessa perspectiva, cabe lembrar que outro intelectual importante na área da crítica literária, Roberto Schwarz – que fazia par com Walnice Nogueira Galvão na condição de pessoas muito próximas de Antonio Candido – chegou a sugerir alguma medição quantitativa da dose de marxismo presente no pensamento e na ação do mestre:

Em momentos de ditadura ele se declara 90% marxista. Em momentos em que a luta de classes é menos acirrada, ele baixa para 50%. Nos dois casos tem muito marxismo no trabalho dele. É um certo tipo de materialismo, uma certa consciência de que as classes sociais são decisivas, uma certeza de que a exploração é um fato central na sociedade moderna.

Voltando à entrevista concedida ao periódico do MST, a paixão de Antonio Candido parece explodir quando perguntado se era socialista:

> Ah, claro, inteiramente. Aliás, eu acho que o socialismo é uma doutrina totalmente triunfante no mundo. E não é paradoxo. O que é o socialismo? É o irmão gêmeo do capitalismo, nasceram juntos, na revolução industrial. É indescritível o que era a indústria no começo. Os operários ingleses dormiam debaixo da máquina e eram acordados de madrugada com o chicote do contramestre. Isso era a indústria. Aí começou a aparecer o socialismo. Chamo de socialismo todas as tendências que dizem que o homem tem que caminhar para a igualdade e ele é o criador de riquezas e não pode ser explorado. Comunismo, socialismo democrático, solidarismo, cristianismo social, cooperativismo... tudo isso.
>
> Esse pessoal começou a lutar para o operário não ser mais chicoteado, depois para não trabalhar mais que doze horas, depois para não trabalhar mais que dez, oito; para a mulher grávida não ter que trabalhar, para os trabalhadores terem férias, para ter escola para as crianças. Coisas que hoje são banais.
>
> Conversando com um antigo aluno meu, que é um rapaz rico, industrial, ele disse: "o senhor não pode negar que o capitalismo tem uma face humana". O capitalismo não tem face humana nenhuma. O capitalismo é baseado na mais-valia e no exército de reserva, como Marx definiu. É preciso ter sempre miseráveis para tirar o excesso que o capital precisar. E a mais-valia não tem limite.
>
> Marx diz na *Ideologia Alemã*: as necessidades humanas são cumulativas e irreversíveis. Quando você anda descalço, você anda descalço. Quando você descobre a sandália, não quer mais andar descalço. Quando descobre o sapato, não quer mais a sandália. Quando descobre a meia, quer sapato com meia e por aí não tem mais fim. E o capitalismo está baseado nisso. O que se pensa que é face humana do capitalismo é o que o socialismo arrancou dele com suor, lágrimas e sangue. Hoje é normal o operário trabalhar oito horas, ter férias... tudo é conquista do socialismo. O socialismo só não deu certo na Rússia.
>
> – Por quê?
>
> – Virou capitalismo. A Revolução Russa serviu para formar o capitalismo. O socialismo deu certo onde não foi ao poder. O socialismo hoje está infiltrado em todo lugar.
>
> – Como luta dos trabalhadores?
>
> – O socialismo como caminho para a igualdade. Não é a luta, é por causa da luta. O grau de igualdade de hoje foi obtido pelas lutas do socialismo. Portanto ele é uma doutrina triunfante.

Se daqui a cinquenta anos no Brasil não houver diferença maior que dez do maior ao menor salário, se todos tiverem escola... não importa que seja com a monarquia, pode ser o regime com o nome que for, não precisa ser o socialismo! Digo que o socialismo é uma doutrina triunfante porque suas reivindicações estão sendo cada vez mais adotadas.

Não tenho cabeça teórica, não sei como resolver essa questão: o socialismo foi extraordinário para pensar a distribuição econômica, mas não foi tão eficiente para efetivamente fazer a produção. O capitalismo foi mais eficiente porque tem o lucro. Quando se suprime o lucro, a coisa fica mais complicada. É preciso conciliar a ambição econômica – que o homem efetivamente tem, assim como tem ambição de sexo, de alimentação, tem ambição de possuir bens materiais – com a igualdade. Quem pode resolver melhor essa questão é o socialismo, disso não tenho a menor dúvida.

Acho que o mundo marcha para o socialismo. Não o socialismo acadêmico típico.[...] A gente não sabe o que vai ser. O que é o socialismo? É o máximo de igualdade econômica. Por exemplo, sou um professor aposentado da USP e ganho muito bem. Ganho provavelmente cinquenta ou cem vezes mais que um trabalhador rural. Isso não pode. No dia em que, no Brasil, o trabalhador de enxada ganhar apenas dez ou quinze vezes menos que o banqueiro, está bom, é o socialismo.

Antonio Candido faz, então, um rápido sobrevoo pelos socialismos reais que o planeta já experimentou, olhando de cima o Brasil:

O socialismo é o cavalo de Troia dentro do capitalismo. Se você tira os rótulos e vê as realidades, vê como o socialismo humanizou o mundo. Em Cuba eu vi o socialismo mais próximo do socialismo. Cuba é uma coisa formidável, o mais próximo da justiça social. Não a Rússia, a China, o Camboja. No comunismo tem muito fanatismo, enquanto o socialismo democrático é moderado, é humano. E não há verdade final fora da moderação, isso Aristóteles já dizia, a verdade está no meio.

Quando eu era militante do PT – deixei de ser militante em 2002, quando o Lula foi eleito – era da ala do Lula, da Articulação, mas só votava nos candidatos da extrema-esquerda, para cutucar o centro. É preciso ter esquerda e direita para formar a média.

Estou convencido disso: o socialismo, é a grande visão do homem, que não foi ainda superada, de tratar o homem realmente como ser humano. [...]

O socialismo está andando. Não com o nome, mas aquilo que o socialismo quer – a igualdade – está andando. Não aquela igualdade que alguns socialistas e os anarquistas pregavam; igualdade absoluta é impossível. Os homens são muito diferentes. Há uma certa justiça em remunerar mais aquele que serve mais à comunidade. Mas a desigualdade tem que ser mínima, não máxima.

Ao longo de sua vida, Antonio Candido viveu dois engajamentos partidários mais persistentes. O primeiro, do pós-Guerra, foi no Partido Socialista do baiano João Mangabeira, de quem gostava de repetir como mantra, para quem teve o privilégio de visitá-lo em seu apartamento na Joaquim Eugênio de Lima, falando de costas para uma prateleira inteirinha de Proust: "Socialismo sem liberdade, socialismo não é; liberdade sem socialismo, liberdade não pode ser".

A militância mais duradoura se desenvolveu no PT, sendo um dos fundadores do partido, ao lado de outros intelectuais de alta envergadura, como Sérgio Buarque, Paulo Freire e Mário Pedrosa. Coordenou os primeiros programas de cultura no partido, redigidos em equipe no início dos anos 1980. Manteve generosa dedicação à Fundação Perseu Abramo, onde presidiu seu Conselho, sendo um raríssimo caso de contribuição financeira disciplinada ao partido, no decorrer de décadas. Foi um dos "ministros" no Governo Paralelo lançado em 1990 para fiscalizar Collor de Mello. O tempo todo, sempre aberto e disposto a aconselhar tantos quantos o procuravam para dialogar sobre alternativas e disputas partidárias.

A pedido de Lula, liderou um ciclo de palestras sobre socialismo e democracia entre 2000 e 2001, sendo o referencial aglutinador de um grupo de importantes intelectuais que se reuniu regularmente durante a campanha presidencial de 2002 para orientar a candidatura, tecer críticas, propor mudanças e ajustes.

Como ele disse muitas vezes – sem corresponder exatamente ao que aconteceu de fato –, decidiu pendurar as chuteiras, aos 84 anos, no dia em que Lula foi eleito presidente da República, considerando cumprida a missão política de uma vida inteira.

9

Antonio Candido, América Latina

JOÃO CEZAR DE CASTRO ROCHA

A DÉCADA DE OURO?

A FORMA MAIS ECONÔMICA de apresentar um tema tão amplo quanto o da formulação de um projeto cultural latino-americano consiste em privilegiar o diálogo de Antonio Candido com o crítico uruguaio Ángel Rama. Naturalmente, as reflexões de Candido sobre a América Latina não se limitam a sua relação com Rama, porém esse é o principal marco dessa iniciativa.

Antes mesmo de começar um reconhecimento necessário. Em 2001 Sandra Vasconcelos e Flávio Aguiar organizaram a coletânea de ensaios de Ángel Rama, *Literatura e Cultura na América Latina*[1], e escreveram textos introdutórios que sublinham com lucidez a relação com o crítico brasileiro. Em 2013 Flávio Aguiar e Joana Rodrigues organizaram o livro *Ángel Rama: Um Transculturador do Futuro*[2], no qual vários ensaios tratam com lucidez do diálogo dos dois críticos. Pablo Rocca, professor e pesquisador uruguaio, tem dado uma contribuição fundamental nos últimos anos. Em 2006 ele publicou

---

1. Sandra Vasconcelos e Flávio Aguiar (orgs.), em Ángel Rama, *Literatura e Cultura na América Latina*, São Paulo, Edusp, 2001.
2. Flávio Aguiar e Joana Rodrigues (orgs.), *Ángel Rama: Um Transculturador do Futuro*, Belo Horizonte, Editora da UFMG, 2013.

Ángel Rama, Emir Rodríguez Monegal y el Brasil: Dos Caras de un Proyecto Latino-Americano[3], inicialmente uma tese de doutoramento defendida na USP e orientada por Jorge Schwartz, nome igualmente incontornável nas complexas relações entre Brasil e Hispano-América. Recentemente, Pablo Rocca publicou um título indispensável para essa discussão, *Conversa Cortada – A Correspondência entre Antonio Candido y Ángel Rama – 1960-1983*.

Principiemos então pelo arco temporal da correspondência entre Candido e Rama.

A década de 1960 talvez tenha sido a década de ouro do continente latino-americano. No dia 1º janeiro de 1959 a Revolução Cubana triunfou e, num primeiro momento, a mística guerrilheira de Fidel Castro e Che Guevara conquistou corações e mentes em todas as latitudes. O fracasso da contrarrevolução em abril de 1961, na malograda invasão da Bahía de los Cochinos, financiada pelo governo de J. F. Kennedy, acrescentou à experiência cubana uma aura que muito em breve levou à ilha Jean-Paul Sartre, Simone de Beauvoir, Marguerite Duras e um número sempre crescente de personalidades mundiais, emprestando sua solidariedade à Revolução. A crise dos mísseis, ocorrida em outubro de 1962, colocou definitivamente a ilha caribenha e, por extensão, a América Latina, no cenário mundial num protagonismo até então inédito. Um exemplo simples, porém eloquente: em seu livro, *O Século XX Explicado aos Meus Filhos*[4], o historiador francês Marc Ferro somente considera um acontecimento ocorrido na América Latina: a Revolução Cubana. No mais, em aparência, o continente em nada contribuiu para os destinos do século passado.

Uma consequência direta desse novo papel foi a criação, na universidade norte-americana, de uma área de estudos com abundantes recursos, o "Latin Americanism", e uma subárea, o "Brazilianism". O interesse, claro, era muito mais geopolítico do que acadêmico: tratava-se de evitar na medida do possível novas revoluções inspiradas no modelo cubano e, para tanto, conhecer efetivamente a região era o melhor caminho, numa evidência do estatuto da América Latina nas relações internacionais nesse período.

---

3. Pablo Rocca e Ángel Rama, *Emir Rodríguez Monegal y el Brasil: Dos Caras de un Proyecto Latino-Americano*, Montevideo, Estuario, 2016. Correspondência publicada no Brasil em *Conversa Cortada*. A correspondência entre Antonio Candido e Ángel Rama, Pablo Rocca (edição, prólogo e notas), São Paulo/Rio de Janeiro, Edusp/Ouro sobre Azul, 2017.

4. Rio de Janeiro, Agir, 2008.

Em 1967 dois acontecimentos evocam o jardim borgiano dos caminhos que se bifurcam. No dia 30 de maio, uma editora argentina, a Editorial Losada, lançou *Cien Años de Soledad*, de Gabriel García Márquez, um romance que em pouco tempo alçou a literatura latino-americana a um patamar até então impensável, qual seja, o de propulsor de um movimento literário de escala mundial. Em 9 de outubro do mesmo ano, contudo, Che Guevara foi executado na Bolívia, anunciando uma inflexão na experiência revolucionária cubana que apenas seria agudizada com a prisão (e posterior autocrítica transmitida pela televisão) do poeta Herberto Padilla em 20 de março de 1971. Nesse momento, pela primeira vez, um número expressivo de escritores de todo o mundo se pronunciou contra o regime castrista, exigindo a libertação do poeta e de sua esposa, a escritora Belkis Cuza Malé. Finalmente em 1980, Padilla exilou-se nos Estados Unidos.

Em 1973 a crise do petróleo, ocasionada pela alta do preço do barril determinada pela OPEP, marcou um claro deslocamento do eixo das relações internacionais, ao mesmo tempo em que a América Latina foi varrida por ditaduras militares apoiadas e em não poucos casos financiadas pelos Estados Unidos. A deposição de Salvador Allende em 11 de setembro de 1973 é o ponto mais visível do processo. A derrota insofismável de diversos grupos guerrilheiros que enfrentaram as ditaduras abriu caminho para a implantação de projetos neoliberais que conduziram ao que se convencionou denominar "década perdida" do continente latino-americano, precisamente a década de 1980: anos de estagnação econômica e desalento político.

Em outras palavras, a correspondência de Antonio Candido e Ángel Rama tem lugar em décadas muitos especiais, nas quais a formulação de um projeto comum era não somente possível como também parecia ser uma imposição dos tempos.

CORREIOS E OBSTÁCULOS

As primeiras cartas trocadas entre o brasileiro e o uruguaio insistem num ponto curioso: o atraso na entrega ou mesmo o extravio de missivas e sobretudo de pacotes de livros enviados pelos críticos.

Em 10 de maio de 1960, Rama envia uma carta de Montevidéu com um receio:

> Sr. Antonio Candido
> Eu sei que o correio brasileiro é tão ruim quanto o uruguaio; por isso não me surpreende que o senhor possa não ter recebido a carta e o pacote que postei logo após sua partida do Uruguai[5].

No início de 1960 Candido passou uma semana em Montevidéu "para dar uma série de quatro conferências nos cursos de verão" – e aqui cito a Pablo Rocca, que prossegue: "À distância, dá a impressão de que esteve uma longa temporada"[6]. E isso em virtude dos desdobramentos extraordinariamente fecundos desencadeados pela curta visita.

Quinze dias depois, Candido respondeu de São Paulo, acrescentando ao receio um temor:

> Amigo Rama:
> Recebi ontem a sua carta de 10 de maio. Provavelmente v. não havia ainda recebido a que lhe enviei registrada em 6 do corrente, e que decerto a essas horas já está em suas mãos. Desculpe o atraso. Mas fiquei impressionado com a falta de menção aos pacotes que lhe mandei. Não recebeu os dois volumes da minha *Formação da Literatura Brasileira*, remetidos em fins de fevereiro? Não recebeu os livros que prometera mandar, e que foram, se bem me lembro, em começo de abril? Mande-me dizer, a fim de que eu reclame no Correio, se for o caso[7].

Não se trata de um dado corriqueiro! Sobretudo porque a leitura de a *Formação* por Ángel Rama será decisiva para a elaboração do projeto latino-americano dos dois críticos; projeto, a bem da verdade, inicialmente formulado pelo uruguaio, mas que contou com a pronta adesão do brasileiro.

Na metáfora forte do autor alemão Jean Paul, "livros são cartas dirigidas a amigos, apenas [cartas] mais longas". Numa dimensão mais generosa, a própria tradição é uma carta sem fim que se envia e reenvia através dos séculos para destinatários anônimos, mas que sempre sabem reconhecer o emissor.

---

5. Pablo Rocca (edição, prólogo e notas), *Conversa Cortada. A Correspondência entre Antonio Candido e Ángel Rama*, São Paulo/Rio de Janeiro, Edusp/Ouro sobre Azul, 2017, p. 50.
6. Pablo Rocca, "Prólogo", *Conversa Cortada*, p. 8.
7. *Idem*, p. 51.

Cartas que não chegam e pacotes que se perdem constituem, pelo avesso, metáforas de uma tradição que não chega a se formar de todo. Nesse caso, é como se a formação ficasse pelo meio do caminho, estimulando questões teóricas de fôlego, especialmente no tocante à reconstrução do passado. Questão evidenciada na troca de cartas entre Rama e Gilda de Mello e Souza.

Em 10 de setembro de 1976, Rama enviou uma carta de Caracas, onde se encontrava exilado, a fim de ultimar os detalhes da publicação de *Macunaíma*, na Biblioteca Ayacucho, cuja organização ficou a cargo de Gilda de Mello e Souza:

> Minha querida Gilda:
> Alvíssaras: recebi o material do Mário de Andrade e é realmente uma maravilha, porque, embora eu já conheça a maioria destes materiais, para o leitor hispano-americano vai ser uma descoberta.
> [...]
> Estou de acordo com a ideia de uma introdução geral e de apresentações mais curtas das diversas seções. Não esqueça que Mário de Andrade é um desconhecido na América hispana, de modo que essas coisas que você acha óbvias são as que ninguém sabe e as que devem ser informadas ao leitor[8].

Ainda assim, em carta de 7 de outubro, enviada de Poços de Caldas, Gilda de Mello e Souza revelou uma preocupação ao preparar o material para a edição da rapsódia de Mário de Andrade: estaria ela se excedendo no tamanho das explicações, o que redundaria num volume pouco atraente para o público leitor hispano-americano? Ela escreveu: "Estou terminando as notas de *Macunaíma*, que ficaram muitas, demais. Quando passar o rascunhão a limpo verei as que devo sacrificar e as que devo conservar"[9].

No dia 18 de outubro, o crítico uruguaio reiterou o ponto, apressando-se em desfazer a impressão:

> Minha querida amiga:
> Recebi os dois novos materiais para o volume dedicado a Mário de Andrade e tratarei de mandá-los logo ao tradutor, que realmente está agora em Buenos Aires, para onde envio uma cópia. Recebi também o contrato. Obrigado.

---

8. *Idem*, p. 202.
9. *Idem*, p. 205.

[...]
Quanto às notas, sugiro que não corte excessivamente o que fez, pois talvez seja preferível deixar a nós essa tarefa que implica uma relação com o leitor latino-americano[10].

CARTAS PERDIDAS OU NUNCA ESCRITAS?

Há, porém, uma hipótese cínica: cartas que se perdem também podem ser cartas que nunca foram escritas... Vale dizer, aqui, suspeito, o problema não é exatamente a eficiência ou o despreparo dos correios uruguaio ou brasileiro. Afinal, no século XIX, os paquetes, com regularidade britânica, atravessavam o Atlântico a cada duas semanas trazendo as novidades mais recentes da Europa, isto é, da França, para ávidos leitores – aliás, atualizadíssimos com o *dernier cris parisiense*, num autêntico *bovarismo continental*. Na verdade, a certeza sobre o atraso local, estimulava um esforço coletivo de atualização. Em diálogo de Jean-Claude Carrière e Umberto Eco acerca do futuro do livro, o escritor francês menciona, com evidente surpresa, "uma edição dos *Miseráveis* publicada e impressa no Rio, em português, em 1862, isto é, no mesmo ano da publicação do livro na França. Apenas dois meses depois de Paris!"[11]

Sem rodeios: a comunicação, digamos, interna sempre foi menos importante do que o contato com os centros de poder. Talvez por isso a distância entre Montevidéu e São Paulo tenha se tornado objetivamente maior do que o percurso entre as duas cidades e Paris – ou Nova York no século XX e ainda hoje.

Ao receber o título de Doutor *Honoris Causa* da Universidade de la República, em Montevidéu, Antonio Candido proferiu um discurso em 21 de setembro de 2006. Nele, destacou precisamente o obstáculo mental que menciono:

> Pude também conviver com vários professores e escritores e, sobretudo, conheci o grande crítico Ángel Rama, de quem fiquei amigo e com quem passei a ter convívio intelectual até a sua morte prematura. Com a extraordinária flama que o caracterizava, ele me falou da necessidade de desenvolver ao máximo o intercâmbio com os escritores e artistas da nossa América, que naquele tempo ainda eram pouco inclinados à comunicação direta

---

10. *Idem*, p. 207.
11. Umberto Eco e Jean-Claude Carrière, *Não Contem com o Fim do Livro*, trad. de André Telles, Rio de Janeiro, Record, 2010, p. 49. Nas próximas ocorrências, apenas cito o número de página.

e dependiam muito da mediação dos países centrais. Declarou-me ser este o seu grande objetivo, a sua grande tarefa[12].

Comunicação direta entre latino-americanos? Melhor aguardar a chancela do prestígio que atribuímos aos grandes centros! Dialética perversa que contagiou mesmo aos mais eruditos. Penso no caso paradigmático de Sérgio Buarque de Holanda, autor de uma erudição e um refinamento que encontra poucos paralelos em qualquer quadrante.

Pois bem: em 1924, no primeiro número da revista *Estética*, saído em setembro, Sérgio Buarque anunciou a publicação futura de um artigo sobre o *Ulysses*, de James Joyce, saído, como se sabe, em 1922. Pouco tempo depois, o futuro historiador recebeu uma carta – e esta, sim, chegou ao destino! – de Luís da Câmara Cascudo. Enviada de Natal, o remetente incluía a cópia de artigo do dia 11 de dezembro de 1924, publicado no *Diário de Pernambuco*. O autor se chamava Gilberto Freyre e o título ameaçava desmanchar a ilusão de pioneirismo de Sérgio Buarque: "James Joyce: O Criador de um Ritmo Novo para o Romance". Curioso observar que algumas semanas depois Jorge Luis Borges, fiel à concisão de seu estilo, deu à luz no sexto número da revista *Proa*, de janeiro de 1925, o artigo "El 'Ulises' de Joyce", reunido nesse mesmo ano em *Inquisiciones*, livro que mais tarde renegaria.

Vale a pena transcrever uma passagem do artigo de Freyre, no qual precisamente se alveja a complexa relação de mediação entre os poucos centros de poder e a multiplicação de periferias:

> Ao livro formidável que é *Ulysses* conheci-o em Oxford, onde sua atualidade intensa era a inquietação de certos chás. O puritanismo conseguiu de algum modo abafar-lhe a influência, aliás, destinada pela própria natureza do livro a aristocráticos limites. Mas o livro vai vencendo: e até sob as bananeiras do Rio já se vai pronunciando o inglês fácil do nome de Joyce. O inglês das suas obras, é que será o difícil de soletrar.
>
> Ulysses traz um ritmo novo para o romance. Nunca se escreveu um romance assim. A análise de vida interior que aí se faz é duma transparência e duma complexidade perturbantes[13].

---

12. Antonio Candido, "Discurso ao Receber o Título de Doutor honoris causa da Universidad de la República", *Conversa Cortada*, p. 229.
13. Gilberto Freyre, "James Joyce: O Criador de um Ritmo Novo para o Romance", em Edilberto Coutinho (org.), *Gilberto Freyre*, Rio de Janeiro, Editora Agir, 1994, p. 75.

No tocante a Gilberto Freyre, percebe-se que em setembro de 1924 seu nome era desconhecido em São Paulo, pelo menos para Sérgio Buarque. No entanto, ele já havia concluído um mestrado na Universidade Columbia em 1922 e começara uma colaboração muito bem-sucedida com a imprensa recifense, notadamente no *Diário de Pernambuco*, a ponto de atrair a atenção do jovem Luís da Câmara Cascudo em Natal.

Assinale-se a distância paradoxal do que está próximo: em menos de dois anos, Sérgio Buarque tomou conhecimento do romance-esfinge de Joyce e dedicou tempo suficiente à decifração de sua estrutura, a ponto de sentir-se preparado para escrever acerca do *Ulysses*. Já no caso do jovem pernambucano o mais provável é que não saberia nunca da existência de seu artigo sobre o irlandês se não fosse a mediação de Câmara Cascudo.

Reconheça-se, antes de prosseguir, a honestidade intelectual de Sérgio Buarque. Após ler o artigo de Gilberto Freyre, abriu mão de redigir sua interpretação, a fim de republicar o texto de Freyre no próximo número da revista *Estética*, que seria o quarto. Infelizmente, a revista, saída nos anos de 1924 e 1925, foi interrompida no terceiro número...

Seria essa outra metáfora involuntária de uma tradição que nunca chegou a se formar de todo?

Nesse contexto, que menos avança do que recua aos trancos e barrancos, o tema "Antonio Candido, América Latina" torna-se ainda mais relevante – no fundo, urgente.

UM DIÁLOGO

Romper com essa dialética perversa seria, nas palavras de Ángel Rama, "sua grande tarefa".

Tarefa é uma palavra delicada, conforme Walter Benjamin alertou na "Tarefa do Tradutor" (*Die Aufgabe des Übersetzers*). Em alemão, tarefa se diz *Aufgabe*, mas tal voz evoca outra, no caso, *Aufgeben*, ou seja, renúncia, fracasso. No caso do diálogo de Ángel Rama com Antonio Candido o risco foi superado pela intensidade da leitura recíproca. Em texto escrito poucos meses antes do acidente aéreo que o vitimou em 1983, o uruguaio recordou as origens de sua relação com o brasileiro: "Antonio Candido [...] que conheci em Montevidéu quando acabava de publicar seu admirável *Formação da Literatura Brasileira* (1959), cujas originais proposições teóricas tratei então de divulgar entre os hispano-americanos em artigos em *Marcha* [...][14].

Portanto, no ano anterior ao início do carteio dos dois críticos veio à luz a *Formação da Literatura Brasileira (Momentos Decisivos)*. Sem dúvida a recepção de Rama da história literária de Candido constitui um desses instantes de autoconsciência de pertencimento a uma tradição ou de engajamento num projeto comum – esse o sentido forte do subtítulo da obra, nem sempre devidamente valorizado.

Pretendo agora retomar, brevemente, a história literária de Antonio Candido, a fim de resgatar a potência do conceito de "sistema literário", ou seja, "literatura propriamente dita" em oposição à noção de "manifestações literárias". Desse modo, podemos valorizar a notável intuição crítica de Rama, que vislumbrou na *Formação* "originais proposições teóricas". No Brasil, muito pelo contrário, a recepção dominante, seja laudatória, seja crítica, ainda não aprofundou a contribuição propriamente teórica da *Formação* – este não é o momento para desenvolver a intuição, mas devo mencionar pelo menos alguns elementos.

Para tanto, precisamos explicitar o conteúdo latente da história literária de Candido, enfatizando o subtítulo da *Formação da Literatura Brasileira*, isto é, *Momentos Decisivos*. No fundo, estes são mais importantes do que aquela – pelo menos numa certa perspectiva, justamente a perspectiva brasileira, latino-americana.

Em outras palavras, se não vejo mal, a história literária de Candido não se dedica a rastrear um processo pretensamente orgânico de formação de uma literatura nacional por meio do desenvolvimento multissecular da expressão linguística – esse foi o modelo dominante na Europa. Na América Latina, contudo, esse caráter orgânico, que reúne gestação de uma língua nacional e elaboração de uma forma literária era antes um dilema para a mentalidade oitocentista que buscava o *Volksgeist* na linguagem literária. Candido o disse com clareza meridiana numa síntese de sua concepção, escrita em 1987 para o público italiano. Penso no segundo parágrafo de *Iniciação à Literatura Brasileira*:

---

14. *Apud* Pablo Rocca, "Prólogo", *op. cit.*, p. 7.

[...] o conceito de "começo" é [na literatura brasileira] bastante relativo, e diferente do mesmo fato nas literaturas matrizes. A literatura portuguesa, a francesa ou a italiana foram se constituindo lentamente, ao mesmo tempo em que se formavam os respectivos idiomas. Língua, sociedade e literatura parecem nesses casos configurar um processo contínuo, afinando-se mutuamente e alcançando aos poucos a maturidade[15].

Não será portanto casual que, com indisfarçável dicção fenomenológica, Candido tenha escrito (*Momentos Decisivos*) entre parênteses – imagem gráfica da suspensão de valores essencialistas atribuídos a uma pretensa nacionalidade. Nesse âmbito, isto é, na pressuposição da existência do espírito de um povo concentrado em sua literatura, a história literária não pode ser senão a narrativa hegeliana, em tom menor, do espírito (nacional) que se reencontra consigo mesmo. Pelo contrário, na *Formação* trata-se do desejo propriamente político de articular uma comunidade simbólica. Nas palavras da seção "Literatura como Sistema" da *Formação da Literatura Brasileira*: "o presente livro constitui (adaptando o título do conhecido estudo de Benda) uma 'história dos brasileiros no seu desejo de ter uma literatura'"[16].

Tal metodologia dribla os impasses do nacionalismo de plantão sem abrir mão do princípio de nacionalidade, pois não se busca identificar uma vocação ontológica, porém mapear uma volição política. O pulo do gato é possível porque, proponho como hipótese, a história literária de Antonio Candido permite supor a ideia da nacionalidade *a posteriori*, que se opõe e supera a camisa de força da noção apriorística de nação. Mirada ampla que permitiu a Ángel Rama o desenvolvimento do conceito de *comarca cultural*, cujos limites extrapolam sem remorso algum as fronteiras nacionais. Em depoimento realizado numa homenagem a Ángel Rama logo após seu falecimento em 27 de novembro de 1983, Candido celebrou seu amigo assinalando: "Lembro, a propósito, a importância do conceito de "comarca", que lhe permitiu encarar as nossas literaturas em perspectiva supranacional, com base em afinidades de tema e de fatura que transbordam as fronteiras geográficas"[17].

---

15. Antonio Candido, *Iniciação à Literatura Brasileira*, Rio de Janeiro, Ouro sobre Azul, 2014, p. 11.
16. Antonio Candido, *Formação da Literatura Brasileira (Momentos Decisivos 1750-1880)*, Rio de Janeiro, Ouro sobre Azul, p. 27.
17. Antonio Candido, "Depoimento", em Flávio Aguiar & Joana Rodrigues (orgs.), *Ángel Rama: Um Transculturador do Futuro*, pp. 29-30.

Por isso mesmo, numa entrevista concedida a Fátima Cartaxo em 1995, Candido evocou a leitura de sua obra por Rama em termos enfáticos:

> Uma grande satisfação que eu tenho, um dos meus grandes orgulhos na vida, é que o maior crítico literário latino-americano, um uruguaio, Ángel Rama, que era meu grande amigo e infelizmente morreu, adotou o meu ponto de vista e passou a aplicá-lo sistematicamente ao estudo da literatura latino-americana, dizendo que isso faz entender a Literatura. Isso para mim é uma compensação muito grande, compensa todos os sequestros de que sou acusado[18].

Não devo deixar de assinalar a sincronia inventada por Ángel Rama: em 1959, logo após o triunfo da Revolução Cubana, o crítico uruguaio imaginou para si mesmo uma tarefa revolucionária no plano das ideias, qual seja, finalmente tornar a expressão América Latina significativa. E como fazê-lo a não ser por meio de um diálogo com as diversas manifestações culturais do continente? No entanto, como organizar essa tarefa infinita, ou seja, como não se perder em meio a um caos de informações múltiplas e dispersas? Eis que no ano seguinte Rama começa a ler, avidamente, podemos facilmente imaginar, um livro, na verdade, dois volumes, que, contrariando todas as expectativas, chegaram a seu destino. As "originais proposições teóricas" que encontrou na *Formação* foram seu fio de Ariadne no labirinto latino-americano.

AMÉRICA LATINA

O projeto latino-americano de Candido e Rama implicava nada menos do que propor um novo conceito de América Latina. A fim de iniciar a discutir o tópico, permitam-me uma longa citação, extraída do ensaio "O Olhar Crítico de Ángel Rama":

> Quando conheci Ángel Rama em Montevidéu, no ano de 1960, ele me declarou a sua convicção de que o intelectual latino-americano deveria assumir como tarefas prioritárias o conhecimento, o contato, o intercâmbio em relação aos países da América Latina, e manifestou a disposição de começar este trabalho na medida das suas possibilidades, seja viajando, seja se carteando e estabelecendo relações pessoais. Foi o que passou a fazer de

---

18. "Entrevista com Antonio Candido", *Revista Investigações, Linguística e Teoria Literária*, vol. 7, 1997, p. 20.

maneira sistemática, coroando as suas atividades quando, exilado na Venezuela, ideou e dirigiu a Biblioteca Ayacucho, patrocinada pelo governo daquele país, que se tornou uma das mais notáveis empresas de conhecimento e fraternidade continental através da literatura e do pensamento. Inclusive porque foi a primeira vez que o Brasil apareceu num projeto deste tipo na proporção adequada[19].

Muito embora este não seja o momento adequado para esboçar a arqueologia da expressão, vale a pena recuperar sua primeira ocorrência em espanhol. Ela data de 1856 e aparece no poema narrativo "Las Dos Américas", composto em Veneza pelo colombiano José María Torres Caicedo. Eis a estrofe decisiva:

> Más aislados se encuentran, desunidos,
> Esos pueblos nacidos para aliarse:
> La unión es su deber, su ley amarse:
> Igual origen tienen y misión;
> La raza de la América latina,
> Al frente tiene la sajona raza,
> Enemiga mortal que ya amenaza
> Su libertad destruir y su pendón.

Nesses singelos versos, Torres Caicedo fixou dois temas que ainda hoje reverberam. De um lado, a oscilação *latina/sajona* anunciou o elemento chave nas autodefinições do continente apresentadas por escritores, artistas e intelectuais ao longo de pelo menos dois séculos. Vale dizer, é como se o próprio da América Latina somente pudesse ser compreendido com base no contraste decidido com um outro. Inicialmente um outro calcado sobretudo na cultura francesa e posteriormente em oposição à sociedade norte-americana. Fenômeno tornado por assim dizer onipresente a partir da Guerra Hispano-Americana em 1898, que marcou o fim do império espanhol e a ascensão militar dos Estados Unidos na América Latina. Então, Rubén Darío no mesmo ano, em artigo de jornal, "El Triunfo de Caliban", e José Enrique Rodó em 1900, num dos mais célebres ensaios da tradição latino-americana, "Ariel", consagraram a imagem da América Latina como o espírito tutelar de Próspero, "Ariel", em franca contradição com a imagem do pragmatismo estadonidense na figura de Calibã. Essa dicotomia "Ariel/América Latina", "Calibã/Estados Unidos", teve

---

19. Antonio Candido, "O Olhar Crítico de Ángel Rama", *Recortes*, Rio de Janeiro, Ouro sobre Azul, p. 155.

a força de um dogma pelo menos até 1971, quando, em diálogo com Aimé Césaire, o poeta e pensador cubano Roberto Fernández Retamar inverteu o modelo, atribuindo aos latino-americanos o impulso rebelde do Calibã dos versos agora lidos em tom revolucionário:

> You taught me language, and my profit on't
> Is I know how to curse. The red plague rid you
> For learning me your language![20]

Destaque-se o ponto em comum: a definição da identidade ocorre por contraste e não pela fixação de traços autônomos, autotélicos. O herói sem nenhum caráter, na acepção precisa de Mário de Andrade, isto é, ausência de traços estáveis para a definição de uma identidade autocentrada, bem pode ser a imagem de todo um continente.

De outro lado, o desejo de união dos diversos países latino-americanos num projeto cultural permaneceu apenas isso: um projeto e, na maior parte das vezes, um não-projeto! Eis onde incide a cunha da parceria entre Candido e Rama, precisamente na possibilidade de forjar uma identidade não como redescoberta de si mesmo, porém como projeção de uma unidade futura, que deveria superar o desconhecimento recíproco – e às vezes deliberado – entre os universos hispano-americano e brasileiro, tornando problemática a ideia mesma de América Latina. A avaliação de Pablo Rocca é reveladora:

> [...] visto do Brasil o panorama hispano-americano era pouco claro e, mais ainda, o caso uruguaio que talvez fosse mais familiar apenas para os gaúchos. O exame da bibliografia uruguaia que Candido fez em 2006, ao receber o título de doutor *honoris causa*, peça que estava inédita até agora, prova que seu conhecimento se limitava ao que já podia se considerar clássico: Zorrilla de San Martín, Rodó e um pequeno etc.[21]

No entanto, não se tratava de peculiaridade do brasileiro, pois prossegue Pablo Rocca, citando cartas enviadas por Rama a Candido:

---

20. William Shakespeare, *The Tempest*, 1. e 2. ed., David Lindley, Cambridge, Cambridge University Press, 2004, p. 120. Na tradução para o português: "A falar me ensinastes, em verdade. / Minha vantagem nisso é ter ficado / sabendo como amaldiçoar. Que a peste / vermelha vos carregue [...]" (William Shakespeare, *A Tempestade*, trad. Carlos Alberto Nunes, *Teatro Completo Comédias*, São Paulo, Editora Agir, 2010, p. 32).
21. Pablo Rocca, "Prólogo", *Conversa Cortada*, p. 9.

Em 27 de outubro de 1974, em 11 de abril do ano seguinte, em 8 de setembro de 1976 e em 15 de abril de 1977, repete que é "clamoroso" o desconhecimento do Brasil em terras venezuelanas, onde o intelectual vive seu exílio desde o fatídico 1973[22].

Candido e Rama tinham consciência desses limites e trabalharam arduamente para superá-los tanto através de uma série de iniciativas institucionais quanto por meio do empenho no estudo. Em carta de 1º de janeiro de 1979, Candido informa a seu amigo e parceiro:

Ángel querido:
Estou saindo para Havana, a fim de atuar no prêmio da Casa das Américas. Espero que seja uma boa experiência. Depois pretendo ir ao México e ao Peru. E mais adiante, pretendo, ainda este ano, fazer nova viagem. Tenho em mente aquele projeto de um núcleo de atividades na Universidade de Campinas. Para começar, encontros, troca de ideias, seminários, visitantes, esboço de biblioteca. No futuro, quem sabe algo mais importante.
[...]
Quais são as pessoas que você acha interessante contatar, para convites eventuais? Jitrick [sic], Vargas Llosa, Canclini, Benedetti? Gostaria de palpites seus. Outra coisa. Não poderia mandar todos os volumes da Ayacucho para Campinas, como contribuição à futura biblioteca hispano-americana?[23]

De igual modo, Rama esforçou-se, e muito, para articular um novo mapa cultural latino-americano. Em carta de 11 de dezembro de 1967 deu notícia de uma importante coleção de livros, que efetivamente veio à luz:

Querido amigo Antonio Candido:
[...]
Estive em Lima na reunião de especialistas da Unesco destinada a organizar um plano, realmente atraente, de estudo das culturas latino-americanas. Transformamos a proposta em uma história social da literatura, das artes plásticas e da música na América Latina, concentrando-a em primeira instância no século xx. Dividimos a América Latina em regiões, designando assessores para cada uma delas, e pensei de imediato em você para o Brasil. Conheci em Lima Sérgio Buarque de Holanda, que disse que o conhecia e estimava e também o indicou. Por fim, deixamos Sérgio como assessor, pensando que a você haveria de corresponder o plano de literatura. Seria muito bom que pudesse se chegar a um grande plano de trabalho comum para oferecer uma nova imagem, atual, de nossas culturas. Invoco à Divina Providência para que a Unesco não mande às favas o projeto[24].

22. Idem, p. 23.
23. Conversa Cortada, pp. 152-153.
24. Idem, p. 58.

Já se mencionou aqui a Biblioteca Ayacucho, criada e dirigida por Ángel Rama. A Unesco levou adiante o projeto, que resultou numa importante série de livros publicada pela Editorial Siglo Veintiuno. Em 1970, Rama deu aulas na USP e em 1980 e 1983, esteve na Unicamp. Na recordação de Candido, "em atividade de integração latino-americana, e em cada uma dessas viagens comprava mais livros, abria novos campos de interesse e demonstrava conhecimento crescente e profundo a respeito do Brasil". Candido também convidou o crítico peruano António Cornejo Polar e Beatriz Sarlo, entre outros nomes. Em julho de 1983 realizou-se na Unicamp o "Encontro Sobre História da Literatura Latino-americana". Nesse âmbito, destaque-se a publicação de 1995 do livro *La Literatura Latinoamericana como Proceso*, organizado por Ana Pizarro, relevante compilação dos debates ocorridos no encontro de julho 1983.

Pois menos de seis meses depois, mais precisamente em 27 de novembro de 1983, o diálogo tão fecundo entre Antonio Candido e Ángel Rama foi interrompido pelo acidente aéreo que teve lugar minutos antes da aterrissagem do Voo 11 da Avianca em Madrid. É difícil mensurar a perda que esse acidente causou, pois se encontrava no auge a colaboração dos dois críticos.

Registre-se que Ana Pizarro também produziu uma iniciativa de vulto, com a publicação de três volumes, pela Editora da Unicamp, da coleção *América Latina: Palavra, Literatura e Cultura*; saídos respectivamente em 1993, 1994 e 1995. De igual modo, esforços podem ser recuperados aqui e ali e, sobretudo, devem ser celebrados. No entanto, imaginar o muito que Ángel Rama e Antonio Candido teriam certamente realizado dá a dimensão exata da enorme tarefa que ainda hoje temos pela frente.

Tarefa – eu disse.

CODA

Não posso concluir sem um esclarecimento importante. Neste ensaio privilegiei o diálogo de Rama e Candido na elaboração de um possível projeto latino-americano. O gesto é compreensível, pois essa foi efetivamente a interlocução mais importante.

Contudo, fiel à pluralidade do seu olhar, Candido manteve um relacionamento fecundo com outro crítico uruguaio, Emir Rodríguez Monegal.

Ora, Rama e Rodríguez Monegal foram adversários nada cordiais! Na "Introducción" ao último livro de Rama, *La Ciudad Letrada*, Mario Vargas Llosa ofereceu um testemunho fascinante:

> Desde que supe de su muerte, no he podido dejar de recordarlo asociado con su compatriota, colega y contrincante de toda la vida: Emir Rodríguez Monegal. [...] Ángel, más sociológico y político; Emir, más literario y académico; aquél más a la izquierda, éste más a la derecha, las diferencias entre ambos uruguayos fueron providenciales, el origen de los más estimulantes torneos intelectuales a los que me ha tocado asistir, una confrontación en que, gracias a la destreza dialéctica, la elegancia y la cultura de los adversarios, no había nunca un derrotado y resultaban ganando, siempre, el público y la literatura[25].

A Revolução Cubana somente tornou as diferenças ainda mais agônicas. Partidário de primeira hora, Rama atuou intensamente na revista *Casa de las Américas*, cuja instituição homônima, Casa de las Américas, representava uma ponte fundamental com o mundo, uma vez que o bloqueio norte-americano, iniciado em 3 de fevereiro de 1962, e ainda vigente, pretendia insular ainda mais a ilha caribenha.

Pois bem: radicado nos Estados Unidos, destacado professor na prestigiosa Universidade Yale, Rodríguez Monegal criou em Paris, em 1966, com apoio da Fundação Ford, a revista *Mundo Nuevo*. O propósito era muito claro: disputar o campo cultural latino-americano, contestando a hegemonia da revista *Casa de las Américas*.

A questão se tornou ainda mais complexa porque tanto Rama quanto Rodríguez Monegal desenvolveram um "projeto brasileiro", na expressão de Pablo Rocca[26].

Antonio Candido – num exemplo que hoje faz muita falta – manteve um contato amistoso com Rodríguez Monegal, embora se situasse num campo político adversário. Leia-se nesse sentido o bilhete que enviou a Guimarães Rosa, de Gênova, por ocasião do Congresso Terzo Mondo e Comunità Mondiale, realizado em janeiro de 1965:

---

25. Mario Vargas Llosa, "Ángel Rama: La Pasión y la Crítica", em Ángel Rama, *La Ciudad Letrada*, Hanover, Ediciones del Norte, 1984, pp. III-IV.
26. Pablo Rocca, *Ángel Rama, Emir Rodríguez Monegal y el Brasil: Dos Caras de un Proyecto Latinoamericano*, Montevideo, Ediciones de la Banda Oriental, 2006.

Meu caro Embaixador:
Ontem, conversando com o crítico uruguaio Monegal, ouvi dele que considera você o maior escritor em prosa da América Latina. Achei pouco[27].

Não é o nosso caso: temos ainda muito a fazer, a fim de levar adiante a "grande tarefa" iniciada por Ángel Rama e Antonio Candido.

---

27. Informação obtida na "Ocupação Antonio Candido", realizada no Instituto Itaú Cultural de 23 de maio a 12 de agosto de 2018. Ver aqui o *link* para a exposição: https://www.itaucultural.org.br/ocupacao/antonio-candido/.

10

ANTONIO CANDIDO E O MODERNISMO BRASILEIRO: RECORTES

MARIA AUGUSTA FONSECA

Antonio Candido ou
Antonio lúcido, límpido,
que conhece e pratica a força imponderável da intuição?
Que funda o juízo crítico no gosto,
– o gosto que em vão se tenta exilar, e permanece,
Mesmo negado e ignorado, o sal da percepção?
CARLOS DRUMMOND DE ANDRADE, "Esboço de Figura"

NO ÂMBITO DO SEMINÁRIO, Afeto e Convicção: Uma Homenagem a Antonio Candido de Mello e Souza, a sugestão de apresentar um itinerário de sua crítica me fez revisitar suas leituras do Modernismo brasileiro, recortar algumas passagens e sobre elas tecer comentários.

Autoridade ímpar para estudiosos do movimento de 22, o profundo conhecimento de Antonio Candido abraça o período e o estudo de grande parte de seus autores. Sua atenta visão de conjunto, aliada à acuidade das análises, pode ser conferida em depoimentos, palestras, entrevistas, artigos em jornais e revistas, e em livros, a exemplo de *Presença da Literatura Brasileira*, *Vários Escritos*, *Literatura e Sociedade*, *Recortes*, *Brigada Ligeira*, *Introdução à Literatura Brasileira*. Além desse empenhado exercício crítico, Antonio Candido foi pioneiro na introdução do Modernismo no âmbito de nossos estudos universitários. Isso se deu no início da década de 1960, quando criou a área de Teoria Literária e Literatura Comparada na Universidade de São Paulo, tempos em que o modernismo continuava sendo uma espécie de "bicho-papão" no meio intelectual acadêmico e, em razão disso, ignorado nos currículos oficiais. Enfrentando a barreira dos preconceitos, Antonio Candido foi responsável pelo primeiro curso sobre o tema na Faculdade de Filosofia, Ciências e Letras (USP), trazendo para a sala de aula suas análises sobre a produção literária de poetas modernistas. Igualmente pioneiro, encaminhou orientandos em nível de doutorado e de mestrado (como Telê Ancona Lopez, Vera Maria Chalmers, João Luiz Lafetá, José Miguel Wisnik) para pesquisa e estudo sistemático da produção de mestres de nosso Modernismo como Mário de Andrade e Oswald de Andrade. Mais ainda, cabe dizer a respeito. Em seu traço ensaístico, afeito à oralidade, que é um timbre de seu próprio modo de ser, podemos reconhecer marcas da absorção de muitos procedimentos da rebelde expressão modernista. Basta percorrer seus escritos para saber que Antonio Candido desde cedo manifestou apreço pelo tom coloquial, claro e conciso, que acompanha o ritmo de sua fala, permeada por nuances de humor. Desprezando a pompa dos adjetivos, dos preciosismos, dos torneios verbais, apartou-se ainda do pedantismo de certa terminologia especializada, para com isso evitar em seus textos qualquer tipo de obscurecimento. Pode-se dizer que, em larga medida, encontrou nesse procedimento também um modo de socializar conhecimento. Sua linguagem "livre e lépida", por meio da qual flui a penetrante reflexão crítica, "sente a pulsação oculta da obra", como captado por Carlos Drummond de Andrade em "Esboço de Figura". Assim, em seus escritos, Antonio Candido conjugou imaginação crítica, rigor e densidade analítica, quase sempre produzidos na forma breve do ensaio. Em "Movimentos de um Leitor", Davi Arrigucci Jr. traduziu a poeticidade de sua expressão crítica, assinalando que "o traço oral da linguagem dos ensaios de Antonio Candido parece dar continuidade a uma literatura, como a modernista, que se construiu muito mediante a fala (que de algum modo a incorporou até à forma do verso livre) apropriando-se de torneios da linguagem coloquial"[1].

O movimento modernista, oriundo da Semana de Arte Moderna de 1922, considerado por Antonio Candido como um campo fecundo de sugestões e de questionamentos, representou um momento singular na vida brasileira, manifestando-se ao mesmo tempo em São Paulo, seu impetuoso carro-chefe, e no Rio de Janeiro. Na leitura bastante diversificada que o crítico fez desse

---

1. Davi Arrigucci Jr, "Movimentos de um Leitor – Ensaio e Imaginação Crítica em Antonio Candido", em Maria Angela D'Incao e Eloísa Faria Scarabôtolo (orgs.), *Dentro do Texto, Dentro da Vida – Ensaios Sobre Antonio Candido*, São Paulo, Companhia das Letras/Instituto Moreira Sales, 1992, p. 184.

movimento, notadamente singular no campo das artes no Brasil, procurou entendê-lo como um todo, e buscou identificar e examinar de modo orgânico a pluralidade de questões não sistemazidas por seus integrantes. Com isso tentou aferir a importância das reivindicações, das obras e das transformações que o movimento causou em nosso meio artístico e cultural. Para Antonio Candido o Modernismo de 22 também foi responsável pelo advento de uma nova ordem na cena literária do país nos anos subsequentes. Assim, na lição do crítico, "com os anos de 30 é que começa a literatura brasileira"[2]. De suas reflexões sobre o tema destaca-se, por exemplo, uma palestra de 1950, "Literatura e Cultura – Panorama da Literatura Brasileira de 1900 a 1945" (depois publicada em *Literatura e Sociedade*), em que foi cirúrgico: "a denominação de modernismo abrange, em nossa literatura, três fatos intimamente ligados: um movimento, uma estética e um período"[3]. Isso posto, indagando sobre o papel que o Modernismo teve na trajetória de Antonio Candido e sobre o papel que desempenhou no seu itinerário crítico, o tema será aqui explorado por alguns recortes de sua vida intelectual, mas principalmente por excertos extraídos de suas análises interpretativas, pondo em relação dinâmica os três fatos citados.

Oportuno começar, então, indagando: quando e como Antonio Candido se informou sobre o ideário de 22, e sobre seus autores e obras? De acordo com seu depoimento, a primeira experiência foi ligeira e num encontro pelo avesso:

> Na minha casa, meu pai e minha mãe não tinham a menor noção do que fosse Modernismo. Lá no interior de Minas não chegava ninguém que soubesse disso. Tenho a impressão que as primeiras noções que tive do Modernismo chegaram através de revistas. Meu pai assinava o *Boletim de Ariel* e *Lanterna Verde*. [...] Ali estavam os modernistas presentes, falava-se em Cubismo, tinha reproduções de Lasar Segall, tinha poemas modernos, tinha Murilo Mendes, Manuel Bandeira... Eu achei aquilo muito curioso. Lembro que em 1933, estava fazendo quinze anos, passei algum tempo hospitalizado no Rio, por causa de um desastre, uma prima me levava livros, inclusive *Libertinagem* de Manuel Bandeira. [...] Mas considerei aquilo uma brincadeira[4].

2. Antonio Candido, "Plataforma da Nova Geração" (1943), *Textos de Intervenção*, Seleção, Apresentação e Notas de Vinicius Dantas, São Paulo, Duas Cidades/Editora 34, 2002, p. 239.
3. Antonio Candido e José Aderaldo Castello, *Presença da Literatura Brasileira – Modernismo*, São Paulo, Difel, 1974, p. 7.
4. "Entrevista de Antonio Candido e José Mindlin concedida a Walnice Nogueira Galvão", publicada no *DOLeitura*, jan.-fev. 2002, e reproduzida na revista *Literatura e Sociedade* 12, DTLLC-FFLCH-USP 2009-2, p. 41. Desta última serão extraídas as referências a essa entrevista.

A exposição, cheia de detalhes, remete a seu precoce caminho de leituras. Nessa direção, Antonio Candido declarou numa entrevista que a força da literatura veiculada em seu tempo se impôs a ele com tanto vigor que a "experiência com a modernidade não foi através do Modernismo, foi com a leitura dos romancistas do decênio de 1930, pelos quais me apaixonei: Jorge Amado, Armando Fontes, Graciliano Ramos, José Lins do Rego, Rachel de Queirós, Érico Veríssimo"[5]. Em mais uma observação, extraída dessa mesma conversa "em torno do modernismo", Antonio Candido de novo trouxe à tona suas razões e preferências, assegurando que "a paixão inicial foi pelo Segundo Modernismo. Sobretudo porque estava ligado ao ângulo social: eram o pobre, o oprimido, o operário, o negro"[6]. Em outra passagem o crítico esclareceu que o contato mais próximo com as publicações literárias do movimento de 22 ocorreu depois de seu ingresso na Faculdade de Filosofia, em 1939, com o empréstimo de obras de Mário de Andrade por uma colega, Gilda Rocha [de Mello Souza]. Na sua avaliação, a leitura foi impactante:

> Fiquei absolutamente fascinado, a tal ponto que resolvi copiar à mão *Pauliceia Desvairada*. Não cheguei ao fim, mas comecei. Veja como era difícil para um jovem, no decênio de 1930, o conhecimento do Modernismo e dos modernistas [...][7].

Esse achado involuntário foi profícuo para o acadêmico de Sociologia, então atento às fraturas e contradições do Brasil profundo, sensível às convulsões político-sociais que minavam seu cotidiano. Eram tempos amargos para o país e para o mundo. Os acontecimentos, na ordem do dia, a cada passo colocavam em alerta os jovens de sua geração, responsáveis pelo despertar da consciência crítica, tornando imperativa uma tomada de posição. E vista disso definiu a si mesmo como um "produto da Revolução de 30 e do Estado Novo, [...] período condicionado pela crise de 1929"[8]. Ao fazer o diagnóstico e declarar suas posições, aproveitou a oportunidade para informar que naquele período

---

5. *Idem*, p. 41.
6. *Idem*, p. 40.
7. *Idem*, p. 41.
8. Entrevista a José Arthur Giannotti. Reproduzida em Antonio Candido, *Brigada Ligeira e Outros Escritos*, São Paulo, Editora Unesp, 1992, p. 233.

[...] o social adquiriu grande importância na consciência dos intelectuais, as ideias políticas se extremaram e houve a polarização fascismo-socialismo. No meio, ficava uma coisa mais ou menos incaracterística, a que o intelectual fugia, indo mais para a esquerda, ou mais para a direita. Eu fiquei do lado esquerdo, de modo que o meu pensamento, como o de toda a minha geração, foi condicionado pela opção política.

E, prossegue:

Daí talvez a preocupação com os fatores sociais, com os condicionantes e os condicionamentos; e também com a funcionalidade e a própria estruturação. Confesso que, por toda a minha vida, mesmo nos momentos de mais agudo esteticismo, nunca fui capaz de perder a preocupação com os fatores sociais e políticos, que obsedaram a minha geração como uma espécie de memento e quase de remorso[9].

O movimento modernista, como um todo, que só passou a interessar Antonio Candido a partir de 1939, foi por ele reconhecido como a mais importante agitação nas artes e na cultura no Brasil: abalou alicerces da arte no meio intelectual do país, provocou escândalos no meio atrasado, ultrapassou suas barreiras, e entendido como um campo fecundo de transformações. Isso encontra ressonância no balanço crítico de Mário de Andrade para quem o movimento modernista "manchou com violência os costumes sociais e políticos" e "por muitas partes o criador de um estado de espírito nacional"[10]. Mas também é essa uma visão em perspectiva histórica, porque diretamente o movimento não teve como bandeira denunciar conflitos sociais, confrontar posições políticas, atacar as mazelas que assolavam o pais, embora tais questões tenham penetrado a contrapelo na sua produção artística de vulto: *Pauliceia Desvairada*, *Losango Cáqui*, *Clã do Jabuti*, *Macunaíma*, *Memórias Sentimentais de João Miramar*, *Serafim Ponte Grande*, *Pau Brasil*, *Pathé-Baby*, *Brás, Bexiga e Barra Funda* e outros mais. Essa questão foi posta por Antonio Candido nos seguintes termos:

9. Entrevista a José Arthur Giannotti, pp. 233-234.
10. Mário de Andrade, "O Movimento Modernista", *Aspectos da Literatura Brasileira*, São Paulo/Rio de Janeiro, Editora Martins INL, 1974, p. 231.

[...] embora os escritores de 1922 não manifestassem a princípio nenhum caráter revolucionário no sentido político, e não pusessem em dúvida os fundamentos da ordem vigente, a sua atitude, analisada em profundidade, representa um esforço para retirar à literatura o caráter de classe, transformando-a em bem comum para todos [...][11].

E, diga-se, "retirar à literatura o caráter de classe"[12], não foi esforço de pouca monta se considerarmos que no Brasil de 1922 o índice de analfabetismo atingia cerca de 70% da população, escancarando o abismo entre o mundo da elite e o restante da população e que expunha o país como um território de desigualdades e injustiças. Com isso em vista, vale lembrar que, depois da Semana de 22, o grupo que se juntou em torno da causa artística para atualizar o pensamento atrasado, repensar concepções caducas, lutar contra modelos ultrapassados, foi minado por tensões internas. Pouco a pouco, então, as sérias divergências de princípios terminaram em cisões ideológicas, disso resultando um verdadeiro "divisor de águas". Dissidências internas tornaram-se públicas, primeiro com os movimentos Pau-Brasil e Verdeamarelo, depois com Antropofagia e Anta – exemplos dos conflitos mais extremados no seio do grupo. No panorama geral, porém, em concordância com o juízo de Antonio Candido, os modernistas abriram caminhos sem volta não só questionando e desatando amarras externas mas, principalmente, voltando seu interesse para dentro, e, de modo mais miúdo, procurando conhecer o país na sua diversidade cultural e étnica; na mobilidade da expressão oral, em que também se reconhecia o país socialmente desigual, atrasado, de costumes tão diversos quanto problemáticos. Nesse processo de conhecimento e aprendizagem o diálogo com vanguardas europeias respondeu à necessidade pontual de atualizar ideias, ajudando a revolver e a preparar o terreno para as gerações que se seguiram. Assim, nas décadas de 1930-40, na avaliação de Antonio Candido, "surgem os escritores que pouco devem ao modelo estrangeiro, os estudiosos que começam a sistematizar o estudo do Brasil e proceder à análise generalizada dos seus problemas"[13].

---

11. Antonio Candido, "Literatura e Cultura – de 1900 a 1945", *Literatura e Sociedade*, São Paulo, Comp. Ed. Nacional, 1973, p. 64.
12. Entrevista a Tatiana Tavares. Caderno Cultura do *Diário Catarinense*, Florianópolis, 31.10.2009.
13. "Plataforma da Nova Geração" (1943), *Textos de Intervenção*, Seleção, Apresentação e Notas de Vinicius Dantas, São Paulo, Duas Cidades/Editora 34, 2002, pp. 239-40.

Dessa perspectiva, apesar de suas inúmeras contradições, as sementes plantadas pelo movimento de 22 vingaram. E, salvo melhor juízo, suas conquistas foram muitas e significativas, principalmente aquelas libertárias, responsáveis por expugar a vassalagem, de velha data, atrelada a preceitos da metrópole. Nessa consonância crítica, Antonio Candido entendeu o Modernismo brasileiro como uma tentativa de superação de nossos sentimentos inferiores em relação à Europa, o que resumiu conceitualmente no termo "desrecalque". E, atento não apenas à dinâmica interna das obras, mas também às suas articulações históricas, Antonio Candido projetou uma vez mais sua artesania crítica, recorrendo a um parâmetro comparativo, de alcance temporal. Nesse recorte de sua crítica mais recente, em que que afinou e atualizou posições, argumentou que

[...] o Modernismo não foi apenas um movimento literário, mas, como tinha sido o Romantismo, um movimento cultural e social de âmbito bastante largo, que promoveu a reavaliação da cultura brasileira, inclusive porque coincidiu com outros fatos importantes no terreno político e artístico, dando a impressão de que na altura do Centenário da Independência (1922) o Brasil efetuava uma revisão de si mesmo e abria novas perspectivas, depois das transformações mundiais da Guerra de 1914-1918, que aceleraram o processo de industrialização e abriram um breve período de prosperidade para nosso principal produto de exportação, o café[14].

Não é demais lembrar que, na sua guinada mais radical, o movimento modernista procurou reverter sentimentos de inferioridade, desafiando a relação submissa do colonizado frente ao colonizador europeu, no esforço de descobrir a própria terra. Na dedicatória que Oswald de Andrade gravou em *Pau Brasil* (1925), seu primeiro livro de poesia, lê-se: "A Blaise Cendrars por ocasião da descoberta do Brasil". Esse movimento preparador, desbravador e indicador de caminhos, contribuiu para a reformulação de concepções petrificadas, devido ao atraso em que o país se mantinha. Mas embora suas conquistas sejam de mérito, contraditoriamente, como também foi apontado por Antonio Candido, à época dos acontecimentos não houve enfrentamento ou contestação direta do sistema que impingia esse atraso ao país. No campo literário, principalmente na prosa ficcional, os sérios problemas sociais que

14. Antonio Candido, *Iniciação à Literatura Brasileira*, São Paulo, Humanitas, 1997, pp. 68-69.

afetavam o Brasil só foram organicamente assimilados na produção engajada dos anos 1930-40, distinguindo-se como um traço característico do período. Obras como *Fogo Morto* de José Lins do Rego, *Jubiabá* de Jorge Amado, *São Bernardo* e *Vidas Secas* de Graciliano Ramos são exemplos que emergem na obra do crítico.

Essas e outras coordenadas reafirmam a mobilidade contraditória que Antonio Candido identificou no Modernismo brasileiro, visto por ele como um movimento de luta pela superação de nossa dependência artística e cultural. E, assim avalia sua complexidade:

[...] haveria [...] uma situação meio paradoxal: no terreno social e político, o país atrasado e novo precisa ser nacionalista, no sentido de preservar e defender a sua autonomia e a sua iniciativa; mas no terreno cultural, precisa receber incessantemente as contribuições dos países ricos, que economicamente o dominam. Daí uma dialética extremamente complexa, que os modernistas brasileiros sentiram e procuraram resolver ao seu modo. É fundamental todo o seu movimento de valorização dos temas nacionais, a consciência da mestiçagem, a reabilitação dos grupos e valores marginalizados (índio, negro, proletário). Mas, curiosamente, fizeram isto recorrendo aos instrumentos libertadores da vanguarda europeia, isto é, dos países de cujo império cultural procuravam ao mesmo tempo se livrar[15].

Nesse particular, era inevitável que o nacionalismo aflorasse. Mas embora o espírito nacionalista tenha presidido o movimento modernista, isso se deu por um viés crítico, em que se inclui a suspeição à qual foi submetida a linguagem literária da tradição, e a consequente viravolta que afetou em profundidade a expressão literária. Assim, rompendo padrões normativos, ao fundir no texto artístico recursos da expressão oral, os modernistas sedimentaram na escrita a fala coloquial, a vivacidade da expressão popular, a variedade de misturas enraizadas no vocabulário local, advindas de diferentes contribuições linguísticas, principalmente (mas não apenas) as de origem indígena e africana. Como bem colocou Mário de Andrade, "o estandarte mais colorido dessa radicação à pátria foi a pesquisa da 'língua brasileira'"[16]. Essa renovada expressão literária foi compreendida por Antonio Candido como vertente essencial do movimento modernista uma vez que, por caminhos oblíquos, fez aflorar o

---

15. Idem, "Uma Palavra Instável", *Vários Escritos*, São Paulo, Duas Cidades, 1995, p. 298.
16. Mário de Andrade, "O Movimento Modernista", *Aspectos da Literatura Brasileira*, São Paulo/Rio de Janeiro, Martins Ed./INL, 1974, p. 244.

convívio em nosso território de dois mundos que se opunham antagonicamente, sem solução de síntese, resultado de deformações. No entendimento do crítico, a questão da ambiguidade se impôs como um alicerce da cultura brasileira. Afinal, advertiu, somos "um povo latino, de herança cultural europeia, mas etnicamente mestiço, situado nos trópicos, influenciado por culturas primitivas, ameríndias e africanas"[17]. Nesse vaivém contínuo, Antonio Candido situou a relação dos modernistas com as vanguardas europeias, equacionando o dinamismo de seus contradições:

> Os nossos modernistas se informaram pois rapidamente da arte europeia de vanguarda, aprenderam a psicanálise e plasmaram um tipo ao mesmo tempo local e universal de expressão, reencontrando a influência europeia por um mergulho no detalhe brasileiro. É impressionante a concordância com que um Apollinaire e um Cendrars ressurgem, por exemplo, em Oswald de Andrade[18]

Nessa visão expandida de Antonio Candido, o Modernismo "teve cunho crítico e desmistificador", enfrentando o entusiasmo patrioteiro com a irreverência do humor (marca-d'água do movimento). Acompanhando o crítico nessa assertiva, o Modernismo "substituiu a euforia pela ironia, parecendo, às vezes, uma espécie de antinacionalismo. Tanto assim que talvez o retrato mais significativo do Brasil que surgiu então foi *Macunaíma*[19]. Ao colocar na roda a intrincada relação entre modernismo e nacionalismo, o crítico apresentou este último pela maleabilidade de sentido, um termo de conotação flutuante, que assumiu diferentes protagonismos em função do contexto de determinado tempo. Em "Uma Palavra Instável"[20], Antonio Candido examinou usos desse termo em autores, obras, e em apropriações do senso comum, num percurso que vai de 1900 até 1984 (data registrada na publicação do texto), consignando que, no Brasil, as diferentes figurações do termo "nacionalismo" brotam de um chão histórico-ideológico. Por esse motivo afirma que seu uso é tão maleável quanto perigoso.

17. Mário de Andrade, "Literatura e Cultura – de 1900 a 1945", *Literatura e Sociedade*, São Paulo, Comp. Ed. Nacional, 1973, p. 119.
18. *Idem*, p. 121.
19. Entrevista de Antonio Candido a Tatiana Tavares, para o Caderno Cultura, do *Diário Catarinense*. Florianópolis, 31.10.2009.
20. Antonio Candido, "Uma Palavra Instável", *Vários Escritos*, São Paulo, Duas Cidades, 1995, pp-293-305.

Nessa análise exploratória, Antonio Candido mostra que o Modernismo praticou um "nacionalismo crítico", "desmoralizando" posturas anteriores de exaltação supérflua. Embora assim, como já foi aludido, não escapou ao seu crivo crítico a identificação de tendências contrárias e retrógradas no próprio bojo do Modernismo. Isso porque, explica, "um lado do movimento se destaca e recai ao seu modo no vinco que parecia desfeito, criando um hipernacionalismo sentimental, romântico e pátria-amada: o grupo do Verdeamarelo"[21]. E, sobre esse conjunto que se apega a uma visão de retrocesso, Antonio Candido foi implacável, considerando que seus desdobramentos foram de consequências ainda mais graves, uma vez que "os líderes verde-amarelos se definiram no terreno político segundo várias gamas da direita, até a versão local do fascismo, com o Integralismo de Plínio Salgado"[22].

Cabe por fim registrar que na interpretação desse movimento complexo e paradoxal, aqui apreendido numa seleta de recortes de Antonio Candido, o Modernismo foi entendido pelo crítico como "um momento crucial na constituição da cultura brasileira, afirmando o particular do país em termos tomados aos países adiantados"[23]. Tendo no horizonte essa compreensão de base, valeu-se de uma ousada reflexão de Oswald de Andrade para confirmar processos dinâmicos de assimilação e de rejeição. Com isso em vista foi categórico ao afirmar que Oswald "exprimiu brilhantemente na teoria da Antropofagia todo esse movimento, ao sugerir que a nossa maneira de fazer cultura era devorar a europeia, a fim de transformá-la em carne e sangue nossos"[24]. De outra parte, evocando mais uma figura emblemática do Modernismo, Antonio Candido encontrou em Mário de Andrade, infatigável pesquisador da controvertida identidade brasileira, um exemplo contundente de sua compreensão sobre a problemática identidade do país (linguística, cultural, artística, étnica), que se traduz na definição do Brasil como "impreciso e ambíguo, 'pátria despatriada'". Nessa última expressão Antonio Candido reconhece uma dupla força, um "neologismo [escreve] pelo qual [Mário de Andrade] caracteriza a nação inorgânica, cujo significado procura, como procura o dele próprio"[25].

21. Idem, p. 299.
22. Idem, ibidem.
23. Idem, pp. 298-299.
24. Idem, p. 299.
25. Antonio Candido, "O Poeta Itinerante", O Discurso e a Cidade, São Paulo, Duas Cidades, 1993, p. 274.

11

A Família Brasileira: Experiência Social e Ressonância Intelectual em um Ensaio de Antonio Candido

RODRIGO RAMASSOTE

NO ÂMBITO DESTE VOLUME DE HOMENAGEM ao centenário de Antonio Candido (1918-2017), gostaria de resgatar a centralidade e repercussões do artigo "The Brazilian Familiy" para parte significativa de sua obra, no campo dos estudos literários e da sociologia, assim como indicar certas afinidades de seu conteúdo com a experiência familiar do autor. Nesse movimento, destacarei as proposições centrais do artigo, para, em seguida, averiguar a retomada de seus pressupostos em *Os Parceiros do Rio Bonito* (1964) e em "Dialética da Malandragem" (1970). Por fim, discorrerei sobre as origens familiares de Candido, perscrutando ecos de sua presença em passagens textuais do artigo em apreço.

Publicado no volume *Brazil: Portrait of Half a Continent* (1951)[1], organizado por T. Lynn Smith e Alexander Marchant, "The Brazilian Family" se volta para o "estudo sociológico da família brasileira", com base na análise histórico-social das transformações de sua estrutura interna, função social e fundamentos morais entre o século XVI e a primeira metade do XX. Para tal, Candido recorre a fontes bibliográficas de ordem diversa (clássicos de nossa historiografia, autores literários, compilações de documentos primários) e, em particular, à releitura dos modelos analítico-interpretativos então disponíveis

---

1. Conforme Jackson informa, o texto foi encomendado pelos organizadores "a Fernando de Azevedo que, impossibilitado, sugeriu o nome de Antonio Candido para o substituir" (Luiz Carlos Jackson, *A Tradição Esquecida:* Os Parceiros do Rio Bonito *e a Sociologia de Antonio Candido*, Belo Horizonte/ São Paulo, Ed. UFMG/Fapesp, 2002, p. 46).

sobre o estudo da família patriarcal brasileira. Embora pretenda oferecer "uma visão geral do problema", em boa parte válida e extensiva às demais regiões do país, Candido esclarece que suas considerações se referem, sobretudo, à "área histórica de influência paulista"[2], donde provêm os exemplos coligidos e a experiência pessoal do autor.

Partindo do pressuposto de que a família patriarcal colonial "foi a base sobre a qual se desenvolveu a moderna família conjugal, cujos traços só podem ser entendidos se examinarmos sua origem"[3], Candido sustenta que, por razões adversas, o modelo típico da família patriarcal não encontrou, inicialmente, condições locais favoráveis para se transplantar. Em seu lugar, imperou o recurso às uniões conjugais "irregulares", de cujas relações sexuais circunstanciais e efêmeras surgiram um grande número filhos ilegítimos e mestiços, os quais, por sua vez, vieram a compor "uma camada social que provocou sérios problemas do ponto de vista do *status* e da acomodação sociocultural"[4].

Do impasse causado pela coexistência precária entre o modelo de organização familiar portuguesa e o contrafluxo de uniões irregulares, gerando numerosa prole de mestiços e bastardos, a família patriarcal assumiu no país uma "estrutura dupla": um núcleo central, composto pelo chefe de família, sua esposa e descendentes legítimos, legalizado e interessado na conservação de sua posição social e de seu patrimônio econômico; e, ao seu redor, um núcleo periférico, complexo e difícil delimitação, formando um numeroso apêndice de indivíduos de procedência diversa e que mantinham diferentes relações com os chefes de família – parentes distantes, concubinas do chefe e seus filhos ilegítimos ou de criação, afilhados, serviçais, agregados, aderentes e escravos.

No núcleo legal imperavam a mais rígida hierarquia interna e a submissão dos demais membros à autoridade incontestável do chefe de família, cuja dominação correspondia "às necessidades da organização social de um imenso país sem política e caracterizado por uma economia que dependia da iniciativa em larga escala e do comando sobre uma numerosa força de trabalho de escravos"[5]. Nesse quadro, a família constituía o "grupo dominante no processo de socialização e integração", marcado por uma organização interna e códigos

---

2. Antonio Candido, "The Brazilian Family", em T. Lynn Smith e Alexander Marchant (eds.), *Brazil: Portrait of Half a Continent*, New York, The Dryden Press, Inc., 1951.
3. *Idem*, p. 291.
4. *Idem*, p. 294.
5. *Idem*, p. 294.

de comportamento rigidamente demarcados, por uma inflexível hierarquia de formas de tratamento e um senso estreito de honra doméstica.

Como forma de garantir a "preservação do *status* e dos bens econômicos numa sociedade cheia de raças misturadas e aventureiros"[6], mas também "se defender, prosperar e produzir", o núcleo legal recorria à prática, largamente disseminada, de incentivar uniões matrimoniais dentro do mesmo grupo, instaurando vínculos de solidariedade entre parentes de vários graus. Tal situação permitia sua a integração a "grupos maiores", juntos constituindo "o sistema social por excelência do Brasil patriarcal, o qual se baseava na solidariedade do parentesco"[7]. Estabelecia-se, então, uma estrutura familiar abrangente, constituída por meio da aliança de parentesco e laços de compadrio, resultando na ampliação de seu raio de abrangência e ação para além das dependências das grandes propriedades territoriais e "formando um poderoso sistema de dominação econômica e política e, assim, para a aquisição e manutenção de prestígio e *status*"[8].

Longe da proteção e do amparo conferido pela família patriarcal, aqueles que não se enquadravam em sua estrutura dúplice (em sua grande maioria os filhos ilegítimos renegados e os libertos, sobre os quais pesavam, de forma combinada, os conceitos de "ilegitimidade", "mistura racial" e "ausência de *status* social") ficavam, via de regra,

> [...] excluídos da periferia do grupo familiar e eram incluídos aos elementos menos considerados da população, contribuindo para a formação da grande massa dos degradados socialmente, os vagabundos e elementos desordeiros, que constituíam grandes porções de nossa população no século XIX. Com a cessação das bandeiras e da corrida do ouro a massa dependente de homens livres desempregados, a maioria deles mestiços, foram gradualmente separados dos grupos que as mantinham – isto é, das famílias patriarcais às quais serviam como agregados – e tornavam-se um substrato social amorfo e anônimo [...][9].

Nesse substrato "não-familiar", "consequência dramática da economia latifundiária e da estrutura doméstica patriarcal", seus integrantes, "rejeitados pelos grupos familiares e criados fora deles", se "reproduziam a esmo e

---

6. *Idem*, p. 298.
7. *Idem, ibidem*.
8. *Idem*, p. 298.
9. *Idem*, p. 302.

viviam sem normas regulares de conduta"[10]. Abandonados à própria sorte, essa "massa dependente de homens livres desempregados" viria a formar, nos séculos XIX e XX, as "classes baixas da nova sociedade"[11].

Em *Os Parceiros do Rio Bonito: Estudo Sobre o Caipira Paulista e a Transformação do Seu Meio de Vida*, Candido enfoca justamente o modo de vida deste segmento social, avançando sua reflexão a respeito do processo de formação sociocultural dessa, para repetir os seus termos, "massa dependente de homens livres desempregados". Dedicada ao estudo da obtenção dos meios de vida e as formas correlatas de sociabilidade dos caipiras paulistas, a partir de pesquisa de campo realizada em terras da Fazenda Bela Aliança, situada na área rural do município de Bofete (SP)[12], a tese se volta, em sua primeira parte, à reconstituição histórica das condições de vida caipira tradicional a partir de informações extraídas de compilações de documentos primários, escritos de viajantes e cronistas, estudiosos do assunto e depoimentos de "velhos caipiras de lugares isolados". De acordo com Candido, com o refluxo das atividades mineradoras, em fins do século XVIII, a massa de homens livres pobres que gravitam nas franjas periféricas da família patriarcal começa a se desprender dos grupos que a mantinha, formando um estrato social anônimo que se sedentarizou, abrandou os costumes e se fixou em agrupamentos rurais – dando origem a uma "variedade subcultural do tronco português que se pode chamar de cultura caipira"[13].

Condicionados pelo intenso e incessante fenômeno de mobilidade promovido pelos bandeirantes, os princípios organizatórios da vida social e da cultura desse contingente populacional cristalizaram-se em torno de unidades de povoamento razoavelmente estáveis e relativamente dispersas – os chamados bairros rurais –, nos quais imperaram a adaptação humana às constrições e recursos ambientais (por meio, sobretudo, da incorporação de conhecimentos e técnicas de grupos indígenas que povoavam a região), a prevalência da pequena propriedade e do sistema econômico fechado e voltado quase exclusivamente à subsistência, a centralidade das relações familiares e do parentesco (efetivo ou simbólico) e a importância integrativa das formas espontâneas de auxílio

10. *Idem*, p. 304.
11. *Idem*, p. 305.
12. Sobre a produção sociológica de Candido, ver Luiz Carlos Jackson, *A Tradição Esquecida...*
13. Antonio Candido, *Os Parceiros do Rio Bonito*, 11. ed., Rio de Janeiro, Ouro sobre Azul, 2010, p. 43.

vicinal e das atividades lúdico-religiosas. Como unidade por excelência das formas elementares da sociabilidade caipira, o bairro rural se constituía a partir de um agrupamento de algumas ou muitas famílias, mais ou menos vinculados pelo sentimento de localidade, pela convivência entre grupos de vizinhança, pelas práticas de auxílio mútuo em atividades de lavoura e da indústria doméstica e pela participação na e compromisso com os festejos religiosos e lúdicos locais – dentre os quais se destacam as festas de padroeiros e as manifestações culturais tradicionais.

Se avaliarmos com atenção, tais proposições e princípios amparam, em larga medida, os argumentos de fundo sobre as "circunstâncias de caráter social profundamente significativas como modos de existência" que encontra-se esteticamente formalizadas no célebre ensaio "Dialética da Malandragem", uma apreciação inovadora do romance *Memórias de um Sargento de Milícias*, de Manuel Antônio de Almeida: a) de um lado, a origem, o estatuto e os principais padrões de sociabilidade da camada social retratada pelo romance – isto é, o "tipo de gente livre e modesta" presente no Rio joanino descrito pelo livro; b) e, de outro, os atributos ou mecanismos que possibilitam a existência dessa alternância constante entre a ordem e a desordem. Postulo que as diversas observações do ensaio que remetem à experiência social e histórica do Brasil oitocentista evocam os conhecimentos e as reflexões de Candido a respeito dos padrões de comportamento ético-moral dos homens livres pobres no país – ainda que seja difícil precisar os contornos gerais desse contingente populacional, que resulta de indivíduos com distintas origens étnicas e situações sociais.

Ao restringir o entrecho do romance às descrições das ações de "um tipo de gente livre e modesta, que hoje chamaríamos pequena-burguesia"[14], o ângulo escolhido por Manuel Antônio de Almeida recaiu justamente sobre "os homens livres pobres" já assentados no meio urbano fluminense do começo do século XIX. Não restavam alternativas aos "poucos livres [que] trabalhavam" e "outros [que] flauteavam ao Deus dará" que não fossem colher "as sobras do parasitismo, dos expedientes, das munificências, da sorte ou do roubo miúdo"[15].

De acordo com Candido:

---

14. Antonio Candido, "Dialética da Malandragem", *O Discurso e a Cidade*, São Paulo, Duas Cidades 1993, p. 31.
15. *Idem*, p. 45.

Na limpidez transparente do seu universo sem culpa, entrevemos o contorno de uma terra sem males definitivos ou irremediáveis, regida por uma encantadora neutralidade moral. Lá não se trabalha, não se passa necessidade, tudo se remedeia. Na sociedade parasitária e indolente, que era a dos homens livres do Brasil de então, haveria muito disto, graças à brutalidade do trabalho escravo, que o autor elide junto com outras formas de violência[16].

Daí a diferença crucial do protagonista com a tradição picaresca espanhola, na qual o pícaro assume, via de regra, a condição de escravo. Ao contrário deste, e apesar da origem humilde, Leonardo Filho não tem necessidade de ganhar a vida, por ser "abrigado da adversidade material" pelo Padrinho, que inclusive se ofende "quando a Madrinha sugere que lhe mande ensinar um ofício manual"[17].

Amparado pelas relações de compadrio, que lhe garantem provisão material, proteção e apoio sociais, Leonardo Filho recorre, sempre que necessário, às obrigações contraídas por seus "pais espirituais" para se socorrer em suas enrascadas e contratempos. Nessa perspectiva, o gráfico que ilustra as "relações e pressões" diretamente envolvidas com Leonardo, presente na primeira impressão do ensaio[18] e destinado a rastrear o cabo de força existencial que arrasta o protagonista do romance, de forma continuada, para os hemisférios positivo da ordem e negativo da desordem, permite também identificar a extensão e a capilaridade das relações familiares, de compadrio e vicinais.

De igual maneira, os fatores sociopolíticos responsáveis pela vigência da "dialética da ordem e desordem" podem ser perscrutados em "The Brazilian Family". Para avançar nessa questão, gostaria de recuperar certas afirmações de Mariza Corrêa contidas no contundente ensaio "Repensando a Família Patriarcal Brasileira" (1994). Com o objetivo de relativizar a primazia e o exclusivismo conferidos, entre os principais estudos sobre a família no Brasil, ao modelo ideal dominante da "família patriarcal", apesar da extensa variedade – e mesmo predomínio – de formas de organização alternativas, a autora, na tentativa de "sugerir a existência de um panorama mais rico", reavalia, criticamente, os pressupostos infusos no retrato delineado pelos "textos principais da literatura sobre família no Brasil"[19].

16. *Idem*, p. 54.
17. *Idem*, p. 23.
18. Ao republicar em livro, o gráfico que acompanhava o ensaio foi suprimido.
19. Mariza Corrêa, "Repensando a Família Patriarcal Brasileira", em Antonio Augusto Arantes (org.), *Colcha de Retalhos*, São Paulo, Editora da Unicamp, 1994, p. 18.

Para tanto, seleciona para uma "cuidadosa análise "interna"", as obras de Gilberto Freyre, "especialmente *Casa-Grande & Senzala* e o ensaio (ainda clássico) de Antonio Candido, 'The Brazilian Family' (1951)"[20]. Em sua opinião, ambos compartilham a "ilusão" de que "o estudo da forma de organização familiar do modelo dominante numa determinada época ou lugar, possa substituir-se à história das formas de organização familiar da sociedade brasileira"[21].

De acordo com Corrêa, a clivagem aceita por Candido entre o "núcleo familiar onde imperava o patriarca e uma massa anônima totalmente entregue ao reino da natureza, sem qualquer norma cultural a regê-la", convalida a ideia de que a "sociedade colonial brasileira pudesse ser equiparada a uma 'sociedade primitiva', sem Estado [...]"[22]. Daí a possibilidade de se inferir que, para o crítico, os habitantes do Brasil colonial "que não viviam dentro ou em volta da casa-grande" estariam sujeitos à "inexistência de qualquer tipo de norma de comportamento [...]"[23].

Com efeito, Candido sustenta, ainda que não explicitamente, em "The Brazilian Family" a debilidade da implantação do aparelho estatal no país no decorrer do período colonial, suplantado pelo poderio conquistada pela família patriarcal e pelos grandes domínios rurais: "pode-se dizer que sociedade colonial estava dividida em duas partes: a familiar e a não--familiar"[24].

Ora, a alternância displicente e tolerante entre o terreno do lícito e do ilícito somente seria possível no universo social retratado pelo romance *Memórias de um Sargento de Milícias* em razão da frouxidão dos mecanismos repressivos encarregados do cumprimento da lei e da aplicação das punições. Nessa direção, a imagem do Major Vidigal surpreendido de uniforme e tamancos quando da visita inesperada de Maria Regalada, a Comadre e Dona Maria à sua casa, bem como os motivos que o levaram a perdoar Leonardo Filho, condensariam não apenas o zigue-zague entre os polos da ordem e da desordem, mas sobretudo a fragilidade do poder público no país, incapaz de garantir sua

20. *Idem*, p. 18.
21. *Idem*, p. 19.
22. *Idem*, p. 25.
23. *Idem*, p. 25. Em entrevista a Jackson, Candido admite que "Mariza Corrêa diz com razão que eu trato da sociedade brasileira como se não houvesse Estado, só família. [...] Mas o Estado era forte e eu exagero demais a importância da família. Chego a dizer que o Brasil pode ser dividido em família e não-família" (Candido *apud* Luiz Carlos Jackson, *A Tradição Esquecida*, 2002, p. 166).
24. Antonio Candido, "The Brazilian Family", *Brazil: Portrait of Half a Continent*, 1951, p. 504.

autoridade em meio ao uma "organização [social] bruxuleante fissurada pela anomia"[25], que caracterizaria a sociabilidade própria dos homens livres pobres. Encarnação da ordem, "manifestação de uma consciência exterior, única prevista no seu universo"[26], "única força reguladora de um mundo solto"[27], o "relativo *fair play*" de Vidigal expressaria, de forma inequívoca, a fragilidade político-administrativa característica do país, "mundo apenas entrevisto durante a narrativa"[28]. Daí o romance retratar

> [...] a vasta acomodação geral que dissolve os extremos, tira o significado da lei e da ordem, manifesta a penetração recíproca dos grupos, das ideias, das atitudes mais díspares, criando uma espécie de terra-de-ninguém moral, onde a transgressão é apenas um matiz na gama que vem da norma e vai ao crime[29].

Acima indiquei que, no início de "The Brazilian Family", Candido afirmou ter se valido de sua própria experiência pessoal ao redigir o ensaio. Não faltava a ele, decerto, conhecimento sobre a composição endógena e os códigos de conduta predominantes, tampouco sobre as transformações que se operavam no interior das famílias extensas de tipo patriarcal. Descendente, pelo lado paterno, de setores tradicionais oligárquicos da região sudoeste do Estado de Minas Gerais[30], Candido passou seus primeiros onze anos de vida em meio à numerosa parentela residente nos municípios de Santa Rita de Cássia (atualmente Cássia, MG) e, em menor número, Passos (MG). Seu trisavô, Silvério José de Souza Mello (1780 – 1843), foi proprietário de terras e da Fazenda Pedra Branca na localidade da Freguesia de Santana das Lavras do Funil (atualmente Lavras, MG). Por razões desconhecidas, alterou a ordem do sobrenome, casando-se em 1810 com Maria Inocência do Lago, com quem teve doze filhos,

---

25. Antonio Candido, "Dialética da Malandragem", *O Discurso e a Cidade*, 1993, p. 45.
26. *Idem*, p. 41.
27. *Idem*, p. 42.
28. *Idem*, p. 41.
29. *Idem*, p. 51.
30. Meu interesse pelo assunto, despertado, de início, pela menção ao fato registrada em "The Brazilian Family", deveu-se, igualmente, à leitura do volume de memórias de Ana Luisa Escorel, filha primogênita de Candido, que descreve com sensibilidade o ambiente familiar de sua infância, ressaltando a imensa importância da preservação e perpetuação do patrimônio de genealogias, personagens e estórias familiares (Ana Luisa Escorel, *O Pai, a Mãe e a Filha*, Rio de Janeiro, Ouro sobre Azul, 2010). O que segue deriva de materiais documentais e bibliográficos recolhidos nos municípios de Cássia (MG) e Passos (MG), assim como conversas com moradores e pesquisadores, visitados breve e intermitentemente entre março e agosto de 2013.

quatro homens e oito mulheres. Pela altura de 1844, quase toda a descendência dos Mello e Souza, por iniciativa de Jerônimo Pereira Mello e Souza (1814 – 1891), terceiro varão, migra para o então Arraial de Passos (MG), possivelmente atraída, de um lado, pelo crescimento econômico provocado pela progressiva substituição das atividades de subsistência e da produção, em escala reduzida, de açúcar e seus derivados pela pecuária extensiva e, de outro, motivada pela fracassada tentativa de criação de uma Província Independente, episódio que ficou conhecido, na história de Mina Gerais, como "Revolução de 1842" e que envolveu principalmente as Vilas de Campanha, Lavras e adjacências[31].

Na origem de Passos[32] encontra-se a faisqueira de Bonsucesso, que, com o esgotamento das reservas de ouro nas lavras circunvizinhas, já em fins do século XVIII, se adensa a partir da chegada de famílias circunvizinhas e de aventureiros e garimpeiros que se dispersaram pelo território, muitos deles passando a adquirir sesmarias ou se apossando de terras devolutas, para se concentrar em atividades agropastoris. Ao longo desse processo, que se prolonga pela primeira metade do século XIX, surgem as primeiras fazendas e, em seus arredores, roças e sítios do então arraial de Nosso Senhor dos Passos. Durante o Período Regencial, favorecidas por facilidades governamentais diante do clima de instabilidade política, afluem famílias prósperas das regiões adjacentes, com especial destaque para as de Candeias, São Bento do Tamanduá e Lavras do Funil. Num primeiro momento, convergiram para a região membros das famílias Lemos e Pimenta de Abreu, que, egressos de Candeias, adquiriram grandes propriedades de terras e contribuíram para a instalação de benfeitorias civis e religiosas na paragem – construção de nova capela (Capela Curata), cemitério e a requisição de instalação de um Juizado de Paz (1831). Poucos anos depois, uma nova leva de famílias de posses – dentre

---

31. De acordo com Antonio Grilo, em estudo sobre a história político-administrativa da Câmara Municipal de Passos, "várias famílias se mudaram para a nossa Freguesia [Passos], motivadas por uma somatória de fatores: fugir das possíveis 'devassas' e inquéritos e encontrar alternativas econômicas melhores, salientando-se, neste caso, a atração que a fertilidade das terras ribeirinhas do Rio Grande exercia. [...] Dentre as famílias, destacam-se as de José Caetano Machado, a do futuro Barão de Passos, Jerônimo Pereira de Mello e Souza, e a de Urias Antonio da Silveira" (Antonio Theodoro Grilo, *Câmara de Passos: 150 Anos. Passos: Edição Oficial Comemorativa do Sesquicentenário de Passos – Minas Gerais*, 1998, p. 17.
32. Cf. Antonio Theodoro Grilo, *História Social de Passos. Passos: Prefeitura Municipal de Passos – Edição Didática*, 1990; *Câmara de Passos: 150 Anos. Passos: Edição Oficial Comemorativa do Sesquicentenário de Passos – Minas Gerais*, 1998 e *Tocaia no Fórum: Violência e Modernidade*, 2012.

elas, os Mello e Souza, Caetano Machado e Silveira – aportou na localidade e se concentrando na criação e comercialização da pecuária bovina para o abastecimento da região de São Paulo e de Campinas e, principalmente, dos abatedouros da corte, em virtude da existência de vastas pastagens apropriadas para a engorda (ou invernada) do gado magro adquirido no "sertão dos goiases". Com a alta lucratividade do negócio, o povoado eleva o curato à categoria de paróquia, com o título de Senhor Bom Jesus dos Passos, em 3 de abril de 1840, sendo elevada à categoria de vila em 9 de outubro de 1848. Em 7 de setembro de 1850, realizou-se a solenidade da instalação da vila, com a posse do seu primeiro governo municipal. Finalmente, em 14 de maio de 1858, a vila foi elevada à cidade e teve a sua denominação reduzida para Passos.

De temperamento industrioso e decidido, ex-tropeiro de produtos agrícolas em Lavras e Baependi, comerciante com lojas de fazenda na freguesia de Carmo do Pouso Alto (atual Carmo de Minas), prestamista, senhor de terras e escravos, pecuarista e líder político destacado em Passos, Jerônimo Pereira amealhou uma considerável fortuna e prestígio social, exercendo influência na vida econômica e política da região. Casado com Bárbara Áurea Lopes (1822-1906), descendente de família de posses da região, teve com ela uma filha carnal e legítima, Maria Bárbara de Mello, assumindo ainda a tutela, quando da morte de seus pais, de quatro irmãs menores e a criação de outras três meninas (Maria Eufrosina, supostamente fruto de seu relacionamento com uma escrava; Emília Ambrosina de Mello e Blandina Esmeraldina da Silveira). Com a instalação da Câmara Municipal de Passos, em 1850, é eleito e empossado vereador e secretário interino[33]. Em virtude de suas constantes atividades filantrópicas e doações financeiras para a construção de benfeitorias públicas e religiosas (entre outros, doação de sobradão para a fundação da Santa Casa de Misericórdia, construção da Igreja do Rosário), membros da Câmara pleitearam junto ao Governo Imperial o título nobiliárquico de Barão de Passos, comenda que lhe foi outorgada em 1871[34].

33. Utilizo, nesse trecho, de informações estampadas nos seguintes artigos de Candido publicados no jornal *A Vanguarda*, que circula em Cássia desde 1915: "Os Barões da Casa"; "Um Benemérito". Tal material, juntamente com outros artigos, foi compilado em publicação não comercial por Flúvio Cassio de Mello e Souza, parente do autor (Antonio Candido, artigos extraídos do jornal *A Vanguarda*, editado em Cássia, Sul de Minas, 2008).
34. Conforme Candido explica: "Oficialmente, os titulares formavam o nível mais alto da nobreza imperial. Mas sociologicamente, como diz o historiador mineiro João Camilo de Oliveira Torres, no livro *Democracia Coroada* (1957), era coisa diversa: uma espécie de elite selecionada com base no

Em 1850, em parceria com o irmão mais novo, João Candido de Mello e Souza (1820-1899), futuro Barão de Cambuí, o cunhado deste, Domingos Pimenta de Abreu, e seu amigo e compadre Manuel Pinto dos Reis, adquiriu glebas extensas no Vale do Rio São João, a maior parte situada em território da que seria, a partir de 1866, a Freguesia de Santa Rita de Cássia, cujo povoamento efetivo data do decênio de 1840. Dessa extensa propriedade fundiária, foram desmembradas a Fazenda Cachoeira ou do Barão, administrada por Jerônimo Pereira de Mello e Souza (após 1871, passa a explorá-la indiretamente, ao regressar a Passos); a Fazenda Toco d'Óleo, por Francisco José de Mello e Souza (primogênito da família, figura apagada que não casou nem deixou herdeiros), a Fazenda da Prata, por João Candido de Mello e Souza e a Fazenda da Barra da Cachoeira, por Manoel Pinto dos Reis.

A primeira notícia a respeito da existência do interesse despertado pela região de Cássia, então conhecida por Sertão do Rio São João, foi registrada em 1755, em documento oficial de auto de posse requerido à Cúria Metropolitana de São Paulo pelo sertanista paulista Pedro Franco Quaresma, em expedição pela paragem[35]. Atraídos pela descoberta de ouro na região, aventureiros e bandeirantes formaram um núcleo de povoamento inicial, que deu origem a um pouso de tropeiros que interligava o atual sudoeste de Minas Gerais a São Paulo. Pouco a pouco, no local foram se abancando moradores fixos, aos quais se somaram, com o refluxo da mineração, um contingente populacional disperso (provindo, em especial, de Lavras, Perdões, São Tomé das Letras, São João del Rey e Prados) que ali se arrancha e cultiva as primeiras roças de plantação e fazendas de criação de gado. No ano de 1844, fazendeiros assentados nas imediações – são eles: Manoel Lourenço da Cunha, José Diogo Carrijo da Cunha, Roque Portes Vieira e João Batista da Cunha – doaram dezoito hectares de terras para a formação do patrimônio do futuro município. Em 1846,

mérito ou na projeção, sem os traços próprios de nobreza. Com efeito, o título não dava qualquer prestígio, não era hereditário, não pressupunha bens materiais nem estava vinculado à posse da terra (o antigo feudo). Não sendo escolhido com base na origem social elevada, mas no valor pessoal ou no cunho representativo, os titulares podiam ser aristocráticos ou plebeus, brancos ou mestiços, ricos ou pobres, legítimos ou ilegítimos, pertencendo aos mais diversos ramos da atividade, nos quais deveriam ter dado boa conta de si: comerciantes, professores, médicos, militares, políticos, fazendeiros, advogados, diplomatas, funcionários etc. Na prática ocorriam (como em tudo na sociedade) desvios frequentes; mas o espírito que regia a distribuição dessas mercês era o de organizar uma elite com os mais expressivos de cada grupo ou profissão, como hoje a Rainha da Inglaterra confere títulos a atores, esportistas, líderes sindicais" (Antonio Candido, *A Vanguarda*, 2008, p. 25).
35. Raul Azevedo Barros, *Anotações à História Antiga de Cássia*, Cássia, Edição do Autor, 1990.

ocorre o levantamento de uma capela em homenagem a Santa Rita de Cássia[36].

Em decorrência da disponibilidade de terras férteis apropriadas para a pecuária extensiva, fazendeiros e comerciantes de Passos interessaram-se pelo arraial que surgia. Segundo Azevedo Barros:

> A partir de 1850, com a vinda de abastados fazendeiros, como Jerônimo Pereira de Mello e Souza (Barão de Passos), João Candido de Mello e Souza (Barão de Cambuí), Domingos Pimenta de Abreu, Manoel Pinto dos Reis e tantos mais que aqui adquiriram grandes latifúndios, Santa Rita iniciou uma caminhada para o desenvolvimento e riqueza. Estes foram os pioneiros na engorda do boi, desbravando matas para a formação de pastagens. Foram os construtores de abastadas sedes em suas fazendas, os que deram grande impulso na nossa cidade no século passado. [...] Os invernistas, aqueles que invernavam, engordavam o boi, é que dominavam todos os negócios, os que faziam o dinheiro correr para o arraial. Tudo girava em torno dessa riqueza[37].

Em pouco tempo os efeitos da prosperidade econômica se fizeram sentir: o arraial elevou-se a distrito, com denominação de Santa Rita de Cássia, por meio da Lei n. 720, de 16 de maio de 1855[38]. Onze anos depois se tornou freguesia, pela lei n. 1271, de 2 de janeiro 1866. O decreto n. 21, de 2 de fevereiro de 1890, elevou a freguesia a vila, criando o município, que se emancipa de Passos.

Seguindo de perto as iniciativas econômicas e as realizações políticas do irmão mais velho, João Candido de Mello e Souza começou a vida como tropeiro, passando a atuar como comerciante e político em Passos e, na sequência, tornou-se fazendeiro em Cássia, onde se dedicou à pecuária extensiva e ao fabrico do açúcar e seus derivados. Por volta de 1845, contraiu núpcias com Matilde Pimenta de Abreu (1827-1889), filha da extensa prole do Alferes João Pimenta de Abreu (1784-1864), uma das principais famílias de Passos, com quem teve dez filhos. Passando a residir em definitivo em Cássia a partir da edificação da sede da Fazenda da Prata (o que não o impediu, contudo, de continuar participante da vida política de Passos, onde presidiu a Câmara, em 1854 e 1876, e exerceu o mandato de vereador em 1875 e 1876), sob sua iniciativa, foram construídos, entre outros, uma nova igreja matriz da cidade (auxiliado, na empreitada, por Jerônimo Pereira de Mello e Souza) e o prédio

---
36. *Idem*.
37. *Idem*, pp. 20-21.
38. A designação atual – Cássia – foi-lhe dada pela lei n. 747, de 20 de setembro de 1919.

da Cadeia Pública. Por seus serviços prestados, foi agraciado pelo Imperador D. Pedro II com o título de Barão de Cambuí.

Por volta de 1880, parte da propriedade fundiária onde se localizava a Fazenda da Prata, sede da família, foi repassada, por sua vez, a um dos seus filhos, Antonio Candido de Mello e Souza (1851-1921). Não fugindo à regra, ele casou-se, em primeiras núpcias, com sua prima em primeiro grau, Blandina Esmeraldina da Silveira (1860-1891). Com ela, Antonio Candido teve dez filhos, sendo o sexto Aristides Candido de Mello e Souza, pai do futuro crítico literário e sociólogo. Após a morte prematura da primeira esposa, o avô contrai novo matrimônio, do qual surgiram outros seis filhos.

Em "The Brazilian Family" há dois trechos que remetem, textualmente, a membros de sua família. No primeiro, para ilustrar as distâncias rigidamente marcadas e as hierarquias internas ao núcleo da família patriarcal, Candido se serve de um trecho cerimonioso da correspondência entre o Barão de Cambuí e seu irmão mais moço, Luciano Candido de Mello e Souza. Eis a passagem: "Por volta de fim do século XIX um sexagenário escreveu a seu irmão mais velho: Vossa Excelência, Barão de C. e meu caro irmão; Eu escrevo esta a Vossa Excelência etc."[39]. No segundo, para indicar o papel ativo das mulheres no Brasil imperial, menciona o caso da matriarca da família de sua mãe, Josefa Roquete Carneiro de Mendonça Franco, sua trisavó, que se envolveu e tornou-se uma liderança da Revolução Liberal de 1842, sendo presa, algemada e processada:

> Mesmo na história política do país, há vários exemplos de mães de famílias com fortes habilidades de liderança, como, por exemplo, Dona Josefa Carneiro de Mendonça, uma das líderes da Revolução Liberal de 1842 em Minas Gerais[40].

Em que pese o seu relativo esquecimento, "The Brazilian Family" oferece pistas sugestivas para se aquilatar com maior amplitude as correlações entre experiência social, produção sociológica e estudos literários no conjunto da extensa e multifacetada produção intelectual de Candido. Em texto intitulado "Lembrança de Mário de Andrade", publicado orginalmente em 1946[41], um

---

39. Idem, p. 295.
40. Idem, p. 296.
41. Antonio Candido, "Lembrança de Mário de Andrade", *O Observador Literário*, São Paulo, Conselho Municipal de Cultura/Comissão de Literatura, 1959.

ano após a morte do escritor paulista, ele profetizava: "Tenho a impressão de que Mário de Andrade será um dos escritores mais estudados, comentados e debatidos em nossa futura história literária". Tenho a impressão que algo semelhante ocorrerá em relação à obra de Candido: os próximos anos já anunciam o surgimento de novas publicações, releituras e análises que vão aprofundar o conhecimento disponível sobre sua contribuição e legado intelectuais.

12

Espelho ao Norte

LUIZ CARLOS JACKSON
E ALEJANDRO BLANCO

INTRODUÇÃO

A AVALIAÇÃO DOS PAPÉIS desempenhados pelos críticos literários na formação do campo intelectual mexicano, em contraposição ao Brasil, é o objetivo central deste artigo. Nessa direção, propomos tomar como ponto de partida a trajetória do reconhecido crítico e historiador da literatura mexicana, José Luis Martínez (1918-2007), visando compará-la com a de Antonio Candido (1918-2017)[1].

A emergência desses e de outros críticos especializados na América Latina se fez possível no interior de processos de diferenciação da atividade intelectual, que em cada país tiveram ritmo e feição distinta, mas que, de modo geral, ganharam força em torno de 1950, associados ao crescimento das universidades, cuja população estudantil praticamente dobrou nos dois países nessa década. Nas duas experiências, de modo geral, os críticos travaram relações de disputa (mas também de aliança) com os escritores pela arbitragem do campo literário, estribadas, em maior ou menor medida, na reivindicação da crítica literária como ciência ou como saber especializado. Praticada até meados do

---

1. Este texto é uma versão reduzida do artigo "Três Críticos Latino-Americanos", publicado em *Sociologias* (2018, vol. 20, n. 47), que inclui na comparação a experiência argentina e o crítico Adolfo Prieto.

século XX de forma mundana e entendida como um gênero menor da literatura, a crítica seria alavancada por sua institucionalização universitária, mais precisamente pela criação de cursos superiores em letras, ocorrida nos dois países na primeira metade desse século que, progressivamente, conferiu aos críticos meios específicos de legitimação e, cada vez mais, independentes da chancela dos escritores[2].

José Luis Martínez foi quem mais se aproximou do perfil do crítico literário universitário na década de 1950 e sua obra como crítico e historiador da literatura mexicana, estabeleceu as bases da crítica literária especializada em seu país, ao propor métodos e conceitos para a análise do fato literário e um sistema de classificação e ordenamento da literatura mexicana, como fez Antonio Candido com a literatura brasileira.

ESBOÇO DE TRAJETÓRIA

Filho de Juan Martínez Reynaga (1888-1962), um médico remediado, José Luis Martínez nasceu em Atojac, no Estado de Jalisco, no ano de 1918. Recebeu educação privilegiada. Em 1937, migrou para a Cidade do México, cumprindo um padrão recorrente dos aspirantes provincianos à formação universitária, mesmo entre aqueles oriundos de Estados importantes como Jalisco. Uma vez estabelecido na capital, com vinte anos de idade, ingressou na Faculdade de Medicina da UNAM, curso do qual desistiria depois de dois anos, rompendo assim com a expectativa paterna. Paralelamente, cursou também Letras Espanholas na Faculdade de Filosofia e Letras da UNAM. A partir de então, entre o final da década de 1930 e meados da década de 1950, esteve ligado à universidade, primeiro como aluno, depois como professor, realizando uma aposta considerável na carreira universitária.

A universidade havia sido criada em 1910, nos últimos momentos do regime de Porfirio Díaz, mas seu funcionamento inicial foi dificultado em função da instabilidade política provocada pela Revolução. A designação como Universidade Nacional Autônoma do México ocorreu no ano de 1929, mas a polarização entre os que entendiam a universidade como instituição subordinada

---

2. Luiz Carlos Jackson e Alejandro Blanco, *Sociologia no Espelho: Ensaístas, Cientistas Sociais e Críticos Literários no Brasil e na Argentina*, São Paulo, Editora 34, 2014.

aos interesses do Estado e os que reivindicavam sua autonomia permaneceria como fundamento dos conflitos que se prolongariam até o final da década de 1930[3]. A inauguração da Cidade Universitária, no começo da década de 1950, coroaria um processo de investimentos públicos que viriam a constituir a base concreta do sistema cultural e universitário, relativamente integrado em função de sua dependência (em graus distintos) ao Estado. Devemos sublinhar que o Estado mexicano centralizou, mais do que no Brasil, a produção cultural, compensando a extrema debilidade de seu mercado privado de bens culturais, que já era forte no Brasil, nas décadas de 1930 e 1940.

A Faculdade de Filosofia e Letras foi criada em 1924, mas seu impulso mais consistente se daria desde o final dos anos de 1930, condicionado pela incorporação de professores espanhóis exilados ao seu quadro docente[4]. É justamente nesse momento que o jovem José Luis Martínez ingressa na instituição. Seu primeiro lance, ainda como estudante, foi a criação da revista *Tierra Nueva* (1940-1942), com Alí Chumacero, Jorge González Durán e Leopoldo Zea. Essa iniciativa editorial os introduziu nos círculos literários mais prestigiosos, como os de Alfonso Reyes e Octavio Paz. Para os quatro jovens, a revista foi uma plataforma de promoção, de Chumacero e González Durán como poetas, Zea como filósofo e Martínez como crítico literário. A revista definiu também a orientação intelectual mais geral assumida pelo grupo.

O grupo de *Tierra Nueva* e a revista se fizeram a partir da experiência vivida na Faculdade de Filosofia e Letras da UNAM, sob a influência direta dos professores espanhóis exilados, como José Gaos (e outros), que moldaram neles hábitos mais sistemáticos de estudo. Além disso, o suporte material para a edição provinha diretamente da universidade e fazia da revista uma publicação chancelada diretamente por essa instituição. Deve-se notar que esse era um padrão tipicamente mexicano, em função da força que detinha o setor público na produção cultural, diferentemente do Brasil, país no qual

---

3. Annick Lempérière, *Le Clercs de la Nation: Intellectuels, Etat et Société au Mexique*, Paris, L'Harmattan, 1992; Javier Garciadiego, *Rudos Contra Científicos. La Universidad Nacional Durante la Revolución Mexicana*, Ciudad de México, El Colegio de México, 1996.
4. VV. AA., *El Exilio Español en México, 1939-1982*, Cidade do México, Fondo de Cultura Economica, 1982; VV.AA., *Los Refugiados Españoles y la Cultura Mexicana*, Cidade do México, Colegio de México, 1999; Gina Zabludovski, "La Emigración Republicana Española y el Pensamiento Alemán en México: La Traducción de Economía y Sociedad", *Revista Mexicana de Ciencias Políticas y Sociales*, n. 3, 169-188, 2002.

as iniciativas privadas tiveram maior importância relativa na composição do mercado cultural em meados do século XX. Por outro lado, ambos (a revista e o grupo) se legitimaram simultaneamente no espaço contíguo dos escritores, pelo patrocínio intelectual de Alfonso Reyes. Nesse sentido, essa empresa intelectual articulava a cultura literária estabelecida com a cultura universitária emergente, numa configuração específica que se ordenava menos pela oposição e mais pela integração entre as mesmas. Tal integração tinha como base o alto grau de homogeneidade social entre os diferentes grupos intelectuais no México, dada pela origem social favorável e urbana, pela formação educacional compartilhada (Escola Nacional Preparatória/UNAM), pelo dinamismo dos circuitos mundanos de sociabilidade (cafés, bares, cantinas, museus etc.) e pelo padrão recorrente das carreiras ocupacionais dos escritores e dos universitários, fortemente atreladas ao Estado, que os cooptava por meio de cargos burocráticos, políticos e diplomáticos[5].

Nesse sentido, *Tierra Nueva* não foi para José Luis Martínez apenas uma plataforma de ingresso no mundo intelectual; a revista favoreceu, também, sua inserção no serviço público, ao qual acedeu como Secretário Particular do Secretário de Educação Pública (1943-1946), trabalhando para o escritor Jaime Torres Bodet, que fora seu professor na FFyL/UNAM. O padrão de dependência dos intelectuais ao Estado no México até pelo menos a década de 1970, que premiava o sucesso intelectual com cargos públicos de prestígio, explica a correlação que se pode observar entre a progressão da carreira intelectual de José Luis Martínez e a da carreira no serviço público. Desse modo, sua consagração como crítico e historiador da literatura, paradoxalmente, o distanciaria dessa última atividade, ao menos do ponto de vista da carreira universitária, na qual ele esteve envolvido até a metade da década de 1950 e na qual poderia ter prosseguido se a estrutura de possibilidades fosse outra, como veremos ao comparar sua trajetória com a de Antonio Candido no Brasil. Vejamos a sequência de suas ocupações principais no serviço público e na universidade (como professor e pesquisador) entre as décadas de 1940 e 1970.

---

5. Roderic Camp, *La Formación de un Gobernante. La Socialización de los Líderes Políticos en el México Post-revolucionario*, Cidade do México, Fondo de Cultura Económica, 1981 e *Los Líderes Políticos de México. Su Educación y Reclutamiento*, 1983.

No serviço público, Martínez foi secretário particular de Jaime Torres Bodet, Secretário de Educação Pública, entre 1943 y 1946; Secretário Administrador do Colegio Nacional entre 1947 e 1952; secretário particular de Roberto Amorós (gerente de Ferrocarriles Nacionales de México) em 1952 e 1953, e Ajudante Gerente Geral de Relações Públicas e Serviços Sociais de Ferrocarriles Nacionales, até 1958; Conselheiro da Produtora e Importadora de Papel, S.A. (PIPSA) de 1956 a 1961. Como professor universitário, José Luis Martínez lecionou literatura mexicana na Escola Nacional Preparatória da UNAM entre 1940 e 1943 e entre 1947 e 1950. Foi professor de espanhol na Escola de Verão da UNAM entre 1942 e 1944, na Escola Normal Superior entre 1945 e 1951 e na Universidade Feminina entre 1946 e 1949. Na FFYL da UNAM, ofereceu o curso de Crítica Literária e Literatura Mexicana do século XIX entre 1949 e 1952 e 1959 e 1960. No Colégio do México, colaborou com Raimundo Lida no Centro de Estudos Filológicos e Literários, no qual também lecionou.

Depois de 1960 afastou-se da universidade, dedicando-se à carreira pública e apenas secundariamente ao trabalho intelectual. Podemos tomar como marco dessa viragem, sua designação como embaixador do México no Peru (1961-1962). Em seguida seria embaixador na Unesco, em Paris (1963-1964), e, de volta ao México, diretor do Instituto Nacional de Belas-Artes (1965-1970). Seria novamente embaixador, na Grécia, entre 1971 e 1974, e diretor da editora Fondo de Cultura Económica entre 1976 e 1982. Devemos atentar, também, à sua militância política mais direta no partido dominante, o PRI, também decisiva à progressão de sua carreira como intelectual e servidor público. Já no começo dos anos de 1950 trabalhou nas campanhas de Rui Cortines, presidente do México entre 1952 e 1958, e, em seguida, na de seu conterrâneo, o romancista Agustín Yáñez, governador do Estado de Jalisco (1953-1959). Foi ainda deputado federal por Jalisco em dois mandatos, 1958-1961 e 1982-1985.

Apesar de seu vínculo profissional com a universidade na década de 1950 não ter sido regular, há relação direta entre a atividade universitária que desempenhou no período, sobretudo na FFYL da UNAM mas, também, no Colégio do México, e o tipo de trabalho intelectual que produziu. Atrelada a essa atividade universitária, sua produção no período se unifica pela ambição de reconstituir sistematicamente a formação da literatura mexicana e se materializa nos livros *La Técnica en Literatura. Introducción* (1943), *Las Letras Patrias. De la Época de Independencia a Nuestros Días* (1946), *Literatura Mexicana, Siglo* xx (1949), *La Emancipacíon Literária de México y lo Mexicano* (1955), *Problemas Literarios* (1955), *La Expresión Nacional. Letras Mexicanas del Siglo* xix (1955), *De la Naturaleza y Carácter de la Literatura Mexicana* (1960). O conjunto de trabalhos expressa o notável investimento intelectual do crítico no período, que resultou na publicação de aproximadamente um livro a cada dois anos. A respeito de seu eixo temático, devemos notar que, até então, a história da literatura mexicana era pouco cultivada no país e praticado por polígrafos, sendo seus antecedentes mais conhecidos a *Historia de la Literatura Mexicana* (1928), de Carlos González Peña, *Historia de la Literatura Mexicana* (1928) e *Letras Mexicanas en el Siglo* xix (1944), de Julio Jiménez Rueda, e *Cultura Mexicana. Aspectos Literarios*, de Francisco Monterde, e que Martínez alçaria o gênero a outro patamar na tradição intelectual mexicana. Vale a pena mencionar, nessa direção, o esquema das gerações de escritores que Martínez concebeu e que seria quase unanimemente incorporada na autocompreensão que os mexicanos têm de seu passado literário.

O projeto mais ambicioso de Martínez visava reconstituir o processo formativo da história literária nacional. Devemos atentar ao fato de que o primeiro trabalho realizado nessa direção, *Las Letras Patrias. De la Época de Independencia a Nuestros Días* (1946), resultou de uma encomenda oficial de Jaime Torres Bodet, que estava à frente da Secretaria de Educação Pública, de quem, vimos, Martínez era secretário particular. O projeto imaginado por ambos, e que teve como resultado o livro *México y la Cultura*, tinha como objetivo coroar a gestão de Bodet, oferecendo um mapa das grandes realizações da cultura mexicana. O convidado para escrever o capítulo sobre literatura foi Alfonso Reyes, que solicitou a colaboração do próprio Martínez, que escreveu sobre o século xix. O episódio revela, uma vez mais, a centralidade do Estado na produção cultural e na articulação das instâncias política, literária e acadêmica, envolvidas na origem desse que foi o texto seminal do projeto intelectual do jovem crítico.

No quadro traçado por Martínez a respeito do século xix, na verdade dos cem anos compreendidos entre 1810 (a independência) e 1910 (a revolução), os marcadores políticos mobilizados se justificam pela hipótese geral de que a literatura teria se constituído nesse século, no México, a reboque da política e que sua polarização inicial entre os escritores identificados como conservadores ou liberais seria uma evidência de sua condição heterônoma. A superação desse entrave seria lenta e descontínua durante a primeira metade do século e começaria a avançar em ritmo regular durante a "concórdia nacionalista" (1867-1889), liderada pelo escritor que figura, em seu esquema, no centro do esforço coletivo de construir as bases de uma literatura nacional, Ignacio Manuel Altamirano. Esse avanço teria sido possível em função da relativa estabilização política em curso, que teria favorecido o surgimento de instituições culturais públicas e iniciativas privadas, como associações e revistas. Finalmente, em função do adensamento cultural ocorrido e do declínio do nacionalismo literário, o modernismo (que se aproxima do parnasianismo no Brasil) emergiria, no final do século, para impor-se como tônica dominante dessa última fase, já no interior do porfiriato.

A transição para o século XX seria marcada, apesar da revolução, pelo (suposto) afastamento progressivo da atividade literária em relação à política e por seu desenvolvimento mais consistente, o que se comprovaria, segundo o autor, pelo volume da produção literária coligida, em relação ao século XIX. O marco literário dessa reorientação seria a emergência do Ateneu da Juventude, que teria protagonizado uma verdadeira "revolução cultural", ao fixar novo "espírito" para a intelectualidade emergente, que Pedro Henríquez Ureña teria definido como "filosófico" e, de fato, as figuras mais expressivas do grupo – (além de Henríquez Ureña) Alfonso Reyes, António Caso e José Vasconcelos – praticaram, sobretudo, gêneros eruditos, como estudos literários, históricos etc.[6]. A geração de 1915 seria, para Martínez, uma derivação direta da geração do Ateneu, mas seus membros teriam se especializado mais, como António Castro Leal (crítica) e Alfónso Caso (arqueologia), ou transitado a posições destacadas no sistema político, como Manuel Gómez Morín ou Vicente Lombardo Toledano. As próximas gerações destacadas pelo crítico seriam as das revistas *Contemporáneos* (1928-1931), *Taller* (1938-1941) e *Tierra Nueva* (1940-42).

Nesse esquema interpretativo, tais grupos/gerações constituiriam uma espécie de eixo ordenador da literatura mexicana da primeira metade do século XX, logrando um desenvolvimento sem precedentes, apesar do aparente

---

6. José Luis Martínez, *Literatura Mexicana. Siglo XX: 1910-1949*, Cidade do México, Antigua Librería Robredo, 1949.

declínio que Martínez entrevia na década de 1940, que parecia terminar sem grandes promessas. Posteriormente, o autor reveria esse diagnóstico diante do surgimento de uma nova geração literária (a sua própria) formada por, entre outros, Juan Rulfo, Juan José Arrreola, Alí Chumacero e Carlos Fuentes (que, embora nascido dez anos depois dos outros, emergiu na cena literária ao mesmo tempo, na década de 1950), mas, sobretudo, em função do reposicionamento de Martínez no espaços literário e político a partir de seu ingresso na Academia Mexicana de la Lengua, com o apoio direto de Alfonso Reyes, e de sua eleição como deputado federal pelo PRI, patrocinado por Agustín Yáñez, ambos em 1958; que o levaram a rever e moderar suas avaliações anteriores.

O cânone elaborado por Martínez em sua história literária expressou, ainda que de modo involuntário, as relações entre escritores e críticos típicas de seu país. José Luis Martínez teve como padrinhos intelectuais e políticos alguns dos principais escritores do país, como Alfonso Reyes, Jaime Torres Bodet e Agustín Yánez. Tais relações indicam o maior grau de integração entre "cultura universitária" e "cultura literária" no México, comparado com o Brasil. Essa propriedade do campo pode ser flagrada tanto nas avaliações sobre o cânone literário mexicano, que José Luis Martínez fixou em *Literatura Mexicana Siglo XX*, por meio das quais o crítico entronizou esses três escritores. Essas relações intelectuais podem ser compreendidas como contraprestações às oportunidades de trabalho propiciadas a ele por esses escritores (ao mesmo tempo em que escrevia seus textos) e em função da amizade que manteve com eles.

Espelho

Passemos agora à comparação entre os processos de enraizamento universitário da crítica literária no México e no Brasil, tomando como referência as trajetórias de José Luis Martínez e Antonio Candido, agentes decisivos desses processos. Apesar das diferenças marcadas, o contraponto é possível em função da centralidade obtida pelas universidades na produção cultural, a partir de meados do século XX nesses países, que afetou o jogo de forças no campo intelectual. Os críticos universitários reivindicaram o papel de árbitros, de principais construtores do cânone literário, em relação às tradições estabelecidas pelos próprios escritores e/ou por críticos não especializados. A temporalidade quase simultânea desse movimento, concentrado em torno de 1950, também sugere a inscrição dos casos num quadro mais amplo que pode ser reconhecido na escala da América Latina.

As condições que envolveram a carreira de Antonio Candido, em relação à de Martínez, foram certamente mais favoráveis, inicialmente, em função das vantagens derivadas de sua origem social elevada. Nasceu em 1918, seu pai, um médico, e sua mãe descendiam de famílias tradicionais de Minas Gerais e do Rio de Janeiro e tiveram acesso privilegiado à cultura própria dos círculos intelectualizados das elites de tais Estados. Em função de tais circunstâncias, Antonio Candido obteve educação elevada desde criança. Sua iniciação literária foi precoce, mas adquiriu formação intelectual sistemática, principalmente, no curso de Ciências Sociais da FFCL-USP (1939-1941), em especial sob a batuta de professores da missão francesa, como o filósofo Jean Maugüe e o sociólogo Roger Bastide[7]. Em 1942, assumiu o cargo de primeiro assistente de Fernando de Azevedo, na Cadeira de Sociologia II, na qual permaneceu até 1958. Entre 1941 e 1944, participou do grupo de estudantes da FFCL-USP que editou a revista *Clima*, publicação que teria notável repercussão no cenário cultural paulista e definiria as direções profissionais não apenas de Antonio Candido, mas também dos críticos de teatro Décio de Almeida Prado e de cinema Paulo Emílio Salles Gomes[8]. Também fazia parte do grupo Gilda de Moraes Rocha (posteriormente Gilda Rocha de Mello e Souza), oriunda de família paulista tradicional, com quem se casou. Em 1942, projetado pelo impacto dos textos que publicou em *Clima*, passou a escrever semanalmente na *Folha da Manhã*, ingressando no círculo prestigioso dos críticos literários que escreviam para os grandes jornais de São Paulo e do Rio de Janeiro, na chamada "crítica de rodapé"[9].

Os anos em que escreveu semanalmente para os jornais *Folha da Manhã* (entre janeiro de 1943 e janeiro de 1945) e *Diário de S. Paulo* (entre setembro de 1945 e fevereiro de 1947) foram decisivos para afirmar sua reputação como crítico literário. Ao mesmo tempo, ele lecionou Sociologia na Universidade de

---

7. Heloisa Pontes, *Destinos Mistos*, São Paulo, Companhia das Letras, 1998; Luiz Carlos Jackson, *A Tradição Esquecida – Os Parceiros do Rio Bonito e a Sociologia de Antonio Candido*, Belo Horizonte, Editora UFMG, 2002.
8. Heloisa Pontes, *op. cit.*, 1998.
9. Adélia Bezerra de Meneses Bolle, *A Obra Crítica de Álvaro Lins e sua Função Histórica*, Petrópolis, Vozes, 1979; Flora Sussekind, *Papéis Colados*, Rio de Janeiro, Editora da UFRJ, 1993.

São Paulo, trilhando caminhos paralelos. Na década de 1950 preparou aqueles que seriam considerados seus dois principais trabalhos: a tese de doutorado em sociologia, *Os Parceiros do Rio Bonito*, defendida em 1954 e publicada como livro em 1964, e *A Formação da Literatura Brasileira*, publicado em 1959. Neste livro, integrou os pontos de vista sociológico e estético para entender o processo de formação da literatura brasileira como sistema (autor-obra-público) e sua autonomização em relação à literatura portuguesa, movimento que ocorreria entre os séculos XVIII e XIX.

Após ensinar letras por três anos na Faculdade de Filosofia de Assis assumiu em 1961 a Cadeira de Teoria Literária e Literatura Comparada da FFCL--USP. Vencido o dilema profissional, Antonio Candido assumiu explicitamente a liderança de um programa coletivo de pesquisas, que lhe permitiu ampliar o impacto de sua obra nas décadas seguintes, nas quais sua carreira transcorreria sem interrupções no interior da universidade. Com a ajuda de seus discípulos (entre os quais Roberto Schwarz, Walnice Nogueira Galvão e Davi Arrigucci Jr.) ele fixaria um novo e mais exigente padrão de trabalho intelectual na crítica literária brasileira. Nessa direção, a *Formação* constituiu-se como o núcleo das formulações teóricas e interpretativas que iriam nortear seus principais trabalhos posteriores – *Tese e Antítese* (1964), *Literatura e Sociedade* (1965), *Vários Escritos* (1970), *A Educação pela Noite* (1987) e *O Discurso e a Cidade* (1993) – e os de seus discípulos, legitimando a crítica literária como uma especialidade no interior das ciências humanas.

No México, os críticos especializados que tentaram se impor desde a década de 1940 também tiveram como base principal a universidade e a Faculdade de Filosofia e Letras, na qual os professores exilados espanhóis introduziram novos padrões de análise literária, baseados em pesquisa sistemática. Atentemos, entretanto, para as diferenças principais entre os casos, avaliando, inicialmente, as relações dos críticos com os escritores. Nesse caso, elas foram pautadas antes pela aliança do que pela disputa. Isso se explica pelo maior grau de integração das distintas frações das elites intelectuais e artísticas na Cidade do México, condicionada pela afinidade das origens sociais, pela formação educacional comum, pelos espaços de sociabilidade compartilhados.

Já no Brasil, em São Paulo especificamente, se os críticos e escritores eram, também, recrutados mais ou menos nos mesmos grupos sociais[10], as oligarquias em declínio[11], os grupos estavam relativamente mais afastados em função da maior diferenciação que havia entre essas atividades, sobretudo, após a criação das universidades na década de 1930 e da USP, em particular, que rapidamente se tornou fonte de um novo tipo de autoridade intelectual. Isso explica a ocorrência de polêmicas como a que envolveu o crítico Antonio Candido e o escritor modernista Oswald de Andrade[12]. A afinidade social entre críticos e escritores, contudo, estaria por trás de relações de aliança como a que se explicitou no patrocínio intelectual de Mário de Andrade (que era primo em primeiro grau da mãe de Gilda de Mello Souza, a esposa de Antonio Candido) à revista *Clima*, plataforma de lançamento desse grupo de críticos universitários.

Tomemos agora como ponto de comparação suas trajetórias profissionais. Os dois foram professores universitários, mas Antonio Candido se dedicou por toda vida, integralmente, a essa ocupação, enquanto José Luis Martínez foi professor universitário apenas nas décadas de 1940 e 1950 e, mesmo assim, dividido entre a docência e o serviço público. A compreensão dessa diferença em relação às carreiras deve levar em conta as estruturas de possibilidades vigentes em cada caso. As organizações acadêmicas no Brasil, principalmente na USP, permitiam maiores possibilidades de dedicação em tempo integral à docência e à pesquisa e os professores não eram comumente cooptados pelo Estado para o serviço público. No México, ao contrário, a carreira de professor universitário estava atrelada ao serviço público, o que expressava as relações de dependência do campo intelectual ao campo político.

Os trabalhos de Roderic Camp demonstraram o alto grau de interdependência entre as elites intelectual e política no México, recrutadas ambas nas classes médias urbanas, com formação educacional compartilhada, no circuito que envolvia a passagem da Escola Nacional Preparatória à Universidade Nacional. Além disso o padrão de carreira intelectual, associada ao serviço público, refletia a dependência dos intelectuais ao Estado, cuja face mais visível foi a cooptação

---

10. Luiz Carlos Jackson e Alejandro Blanco, *op. cit.*, 2014.
11. Sérgio Miceli, *Intelectuais à Brasileira*, São Paulo, Companhia das Letras, 2001.
12. Heloisa Pontes, *op. cit*, 1998.

política. Devemos evitar, contudo, a avaliação enviesada (feita a partir dos parâmetros de legitimação característicos da experiência brasileira) que levaria a subestimar o significado (e o peso) da carreira universitária no México. Neste país, o trânsito entre as ocupações intelectuais e políticas era a regra e, ao contrário de ser reprovado, era considerado um sinal de reconhecimento. Nesse sentido, a designação de um professor/pesquisador para um alto cargo político/diplomático comprovava a consagração do mesmo, apesar de implicar eventualmente, como ocorreu com Martínez, a descontinuidade de sua carreira acadêmica.

Diferentemente, Antonio Candido pode seguir uma carreira contínua porque a Universidade de São Paulo oferecia maiores possibilidades de profissionalização da atividade intelectual, em função do regime de trabalho de tempo integral, que permitia a dedicação exclusiva à docência e pesquisa. Essa condição foi decisiva tanto à regularidade de sua produção intelectual (e de seu grupo), como à sua consagração cada vez mais inconteste. Em comparação, a divisão entre a carreira intelectual e política de Martínez implicou queda de produtividade e afetaram as possibilidades de consagração futura (mais estritamente acadêmica) de sua obra.

Um notável ponto de aproximação relaciona-se com o fato de as plataformas de lançamento dos dois críticos no campo intelectual terem sido revistas universitárias, *Clima* e *Tierra Nueva*, que constituíram, ao mesmo tempo, grupos culturais fortemente integrados. A renovação introduzida pelo grupo *Clima*[13], todos com origem elevada apesar das diferenças de grau, consistiu na promoção de uma nova dicção para a crítica literária e cultural, que teve lastro na experiência universitária compartilhada, a qual se contrapunha à tradição da "crítica de rodapé", designada como "impressionista". Na mesma direção, o grupo de *Tierra Nueva*, unificado pela origem provinciana comum (com a exceção de Leopoldo Zea), propôs uma perspectiva mais rigorosa aos estudos literários, também apoiada na socialização universitária, embora não com a mesma força.

Por fim, o balanço das diferenças e semelhanças entre as duas trajetórias consideradas (e seus respectivos contextos) sugere que os críticos literários alcançaram, nos dois países, na década de 1950, uma posição de maior

---

13. Heloisa Pontes, *op. cit.*, 1998.

autonomia em relação aos escritores, condicionada por sua inserção acadêmica. Nessa direção, a universidade foi a fonte principal de legitimação de suas pretensões, sobretudo, a de se constituírem como árbitros da produção literária, objetivo que atingiram desigualmente em função da estrutura de possibilidades vigente em cada caso.

13

ANTONIO CANDIDO, MÁRIO DE ANDRADE

MARCOS ANTONIO DE MORAES

ENTRE 20 E 26 DE FEVEREIRO DE 1946, o Departamento Municipal de Cultura de São Paulo, na gestão do jornalista Francisco Pati, organizou a Semana de Mário de Andrade, para homenagear o escritor falecido no ano anterior, em 25 de fevereiro. A programação abarcava concerto de música de câmara no Theatro Municipal, conferências na Biblioteca Municipal, em cujo jardim inaugurou-se o busto do autor de *Pauliceia Desvairada*, assinado por Bruno Giorgi. Em seu auditório, versos da ópera *Café*, ainda inéditos, foram lidos por Antonio Candido. A *Revista do Arquivo Municipal*, número de janeiro/fevereiro desse ano, coligiu textos que espelhavam facetas da atuação intelectual e literária do polígrafo que, entre maio de 1935 e março 1938, tinha dirigido o departamento cultural paulistano, com forte empuxo democratizante, valorizando o seu periódico institucional.

Na homenagem da *Revista do Arquivo Municipal* a Mário de Andrade, contavam-se companheiros da mesma geração, Sérgio Milliet, Manuel Bandeira e Paulo Duarte, a sua amiga e discípula, a musicóloga Oneyda Alvarenga, o sociólogo francês Roger Bastide, ligado à Universidade de São Paulo, entre outros nomes que começavam a despontar no cenário intelectual brasileiro, como o de Florestan Fernandes, interessado na contribuição do estudioso do folclore nacional, e de Antonio Candido, crítico literário do *Diário de S. Paulo*, desde janeiro de 1945, que firmava um sólido percurso profissional, iniciado em 1941, ao lado de universitários na revista *Clima*, e ganhara reconhecimento público nos dois anos em que respondeu pela coluna de livros da *Folha da Manhã* paulista, a partir do início de 1943. No tributo concretizado pelo periódico do Departamento de Cultura, Antonio Candido, subscreve "Mário de Andrade", escrito de caráter testemunhal e de boa amplitude interpretativa. Antonio Candido, desembarcou em São Paulo em 1937, aos dezenove anos. Nascido no Rio de Janeiro, vivera parte da infância e a adolescência em Poços de Caldas, em Minas Gerais, após temporada na França; em 1935, encontrava--se no interior paulista, Santa Rita do Passa Quatro. Na capital, guiou-se para a formação em Direito na Universidade de São Paulo, no tradicional edifício do Largo de São Francisco. Decidiu-se, contudo, não apenas pela área jurídica, como também pelos estudos de Ciências Sociais na Faculdade de Filosofia, Ciências e Letras, criada em 1934, juntamente com a universidade estadual pública. No meio do caminho, abandonou o Direito, para diplomar-se em sociologia, em 1942, efetivando-se como professor assistente em sua Faculdade, onde permaneceria até 1958. Encontrou-se com Mário de Andrade, pela primeira vez, em 1940, ao visitá-lo na rua Lopes Chaves, 546, na Barra Funda, acompanhado de Décio de Almeida Prado e Paulo Emílio Salles Gomes, dois de seus companheiros na universidade. Empenhavam-se em fundar uma revista literária, que acreditava na "mocidade de espírito, a única e verdadeira mocidade"[1]. O escritor lhes concederia um extenso ensaio literário, "Elegia de Abril", que abre o primeiro número de *Clima*, em maio de 1941, instaurando inquietações. Explica-se o autor no primeiro parágrafo do estudo:

> Poucas vezes me vi tão indeciso como neste momento em que uma revista de moços me pede iniciar nela a colaboração dos veteranos. Seria mais hábil lhe ceder um desses estudos especializados. [...] Mas ainda conservo das minhas aventuras literárias, aquela audácia de poder errar, com que aceitei de um dos moços que me convidaram [...] a sugestão de falar sobre a inteligência nova do meu país. E confessarei desde logo que não a sinto muito superior à de minha geração[2].

Com o poeta de "Eu Sou Trezentos...", Candido afirmava ter mantido "relações cordiais mas mais ou menos cerimoniosas"[3]. Ainda bem jovem,

---

1. "Manifesto", *Clima*, São Paulo, n. 1, maio 1941, p. 3.
2. "Elegia de Abril", *Clima*, São Paulo, n. 1, maio 1941, p. 7. Texto republicado em *Aspectos da Literatura Brasileira* (1943).
3. Gilda e Antonio Candido de Melo e Souza, "A Lembrança que Guardo de Mário de Andrade", *Revista do Instituto de Estudos Brasileiros*, n. 36, p. 13, São Paulo, 1994.

deparou-se com a literatura de Mário de Andrade, possivelmente no terceiro ano do ginásio, na *Antologia da Língua Portuguesa para Uso dos Alunos das Cinco Séries do Curso de Português*, de Estevão Cruz, publicada em 1933, com reedições revistas nos anos seguintes. Essa obra "renovadora" em sua abrangência histórica[4] esteve sujeita a "censura mais intransigente", que demandou, em sua segunda tiragem, "melhorada", de 1934, a supressão de "Carnaval" de Graça Aranha, porque alguns leitores viram ali imoralidade, embora, para o organizador, fosse "uma das páginas mais brilhantes que a literatura modernista produziu"[5]. O compêndio, iniciando-se com o capítulo "Literatura Contemporânea no Brasil", divulga nomes de personalidades "que se nos afiguram mais representativas"[6]: o do ensaísta de *Espírito Moderno*, Mário de Andrade, Manuel Bandeira e Jorge de Lima. Para exemplificar a produção de Mário, considerado "um dos chefes do movimento modernista", "escritor de um brasileirismo bem frisante, na ideia, na expressão e nas palavras"[7], a antologia exibe o poema "Noturno de Belo Horizonte", com supressão de versos, e excerto de "Piaimã", de *Macunaíma*, no qual o "herói da nossa gente" e seus dois irmãos encarnam a lenda das três raças. O tópico "Subsídios para o Estudo de Literatura" desse capítulo apresenta, ainda, destacadamente, apreciações críticas de Tristão de Ataíde e de Ronald de Carvalho sobre o autor paulistano, além de texto de Mário lançando luz sobre os grupos mineiros em torno de *A Revista*, de Belo Horizonte, e da *Verde*, de Cataguazes, com argumentos que validavam a abrangente irradiação da vanguarda.

Nas estantes da Livraria Vida Social de Poços de Caldas, títulos do modernismo, reconhecidamente de circulação sempre restrita, também encontraram guarida, destinados a leitores extraordinários. Nelas, Antonio Candido deparou-se com o *Serafim Ponte Grande*, de Oswald de Andrade, e com os contos de *Primeiro Andar* de Mário[8]. O livro, impresso na Casa Editora Antonio Tisi,

---

4. Telê Ancona Lopez e Marlene Gomes Mendes (orgs.), "[Depoimento de] Antonio Candido", *Eu Sou Trezentos, Eu Sou Trezentos e Cincoenta. Mário de Andrade Visto Por Seus Contemporâneos*, Rio de Janeiro, Editora Agir, 2008, p. 37.
5. Estevão Cruz, "Prefácio da Segunda Edição", *Antologia da Língua Portuguesa Para Uso dos Alunos das Cinco Séries do Curso de Português*, 2. ed. melhorada, Porto Alegre, Livraria do Globo, 1934, pp. 12-13.
6. *Idem*, p. 14.
7. *Idem*, p. 41.
8. Telê Ancona Lopez e Marlene Gomes Mendes (orgs.), "[Depoimento de] Antonio Candido", *op. cit.*, p. 37.

de São Paulo, tinha chegado ao autor no começo de 1927. Em 1932, encalhando, outra editora, a Piratininga, compraria o estoque; conserva o miolo do volume, substitui a capa, tira a "Advertência" inicial, fazendo, assim, o livro circular como uma pretensa segunda edição. Congregava "contos passadistas" anteriores ao movimento de 1922, explica o escritor, em 1925, à amiga Anita Malfatti; era o "primeiro andar [de sua] obra"[9]. Mário justifica-se, no ano seguinte, perante o itabirano Carlos Drummond de Andrade: "uma porcaria vastíssima porém são contos vendáveis"[10]. Significavam, ainda, para ele, em 1929, uma "demonstração de experiência"[11], atestando um trajeto evolutivo. Antonio Candido, em 1938, em São Paulo, já tem em mãos *Macunaíma*, e nos dois anos seguintes leria "os outros livros de Mário"[12]. As leituras e o encontro com o modernista em 1940 lhe causaram forte impacto, pois a partir de então deu inequívocas demonstrações públicas de admiração.

Em *O XI de Agosto*, órgão oficial do Centro Acadêmico da Faculdade de Direito da Universidade de São Paulo, na série nova, ano XXXVIII, de julho de 1941, Antonio Candido começava a afiar o seu instrumental crítico. Estreara como resenhista no mês anterior, em *Clima*, na coluna "Livros", na qual faz um balanço dos lançamentos de 1940, em prosa e em poesia, com a "maior honestidade possível"[13], apreendendo os laços entre a obra e o seu contexto. O *XI de Agosto*, nas suas mais de cinquenta páginas, se propunha a acolher "toda a diversificação do pensamento vigente nas Arcadas"[14]. Contava na redação com a presença de Péricles Eugênio da Silva Ramos e difundia artigo de Mário da Silva Brito, nomes que, pouco mais tarde, teriam projeção no campo literário. A revista divulga "O Manifesto do Outono", texto jocoso,

9. Carta de Mário de Andrade a Anita Malfatti, 5 ago. 1925. Marta Rossetti Batista (prefácio, org. e notas), *Mário de Andrade. Cartas a Anita Malfatti, 1921-1939*, São Paulo, Forense Universitária, 1989, p. 101.
10. Carta de Mário de Andrade a Carlos Drummond de Andrade, 1 ago. 1926, Silviano Santiago (prefácio e notas) e Lélia Coelho Frota (organização e pesquisa iconográfica), *Carlos & Mário: Correspondência Completa entre Carlos Drummond de Andrade (inédita) e Mário de Andrade*, Rio de Janeiro, Bem-Te-Vi, 2002, p. 226.
11. Carta de Mário de Andrade a Prudente de Moraes, 12 out. 1929, Georgina Koifman (organização, introdução e notas), *Cartas de Mário de Andrade a Prudente de Moraes, Neto, 1924-1936*, Rio de Janeiro, Nova Fronteira, 1985, p. 294.
12. Telê Ancona Lopez e Marlene Gomes Mendes (orgs.), "[Depoimento de] Antonio Candido", *op. cit.*, p. 37.
13. Antonio Candido, "Livros", *Clima*, n. 1, p. 107, maio 1941, São Paulo.
14. [Editorial] A Comissão de Redação, "Chegamos Ainda Há Pouco e...", *O XI de Agosto*, a. XXXVIII, n. 1, julho 1941, São Paulo.

com tônus provocativo, tido como ainda inconcluso, aplicando-se em fundar um movimento literário. Partia-se do pressuposto que a mocidade da época espelhava "o imenso ridículo da hora que passa", o "marasmo de nossos meios intelectuais". Os envolvidos constroem uma imagem degradada de si próprios: viam-se altamente intelectualizados, mas "falidos". Lamentam: "já não temos mais coragem de lutar. Encarregamos aos donos da literatura brasileira a tarefa de pensarem por nós". Dissimulam fleuma ("é bom lembrar que não há nada melhor do que deixar como está para se ver como fica"[15]) para, certamente, incitar movimentos participativos mais fecundos.

Em suas páginas seis e sete, *O XI de Agosto* estampa a "Notinha sobre Mário de Andrade", de Antonio Candido de Mello e Souza, assinatura completa. O crítico se declara admirador do poeta, frequentador habitual de sua produção, informando, nas primeiras linhas, que tem sobre ele, em preparo, um "ensaio". Quer partilhar com os leitores apenas um "aspecto [...] característico" do lirismo mariodeandradiano, a "absoluta simplicidade de tom", bem distante da "vulgaridade prosaica e do pieguismo alambicado". Tem em sua mesa *Clã do Jabuti* (1927) e *Remate de Males* (1930), para demonstrar que o autor lograra a "elevação do cotidiano [...] à dignidade de assunto poético". Realçando qualidades, considera os versos do modernista "admiráveis não só pela beleza poética, como pela profundidade, pela justeza, pela representação perfeita da imagem, da emoção ou do pensamento". Em acréscimo valorativo, essa poesia "não precisa se refugiar na indeterminação de tempo e espaço". Reconhece "Louvação da Tarde", de *Remate de Males*, "um dos cimos" dessa produção poética[16]. Sem pestanejar, alça Mário de Andrade à posição de "Dante Alighieri moreno da nossa fala popular", que faz "poesia falar como gente de casa"[17]. Nessa clave avaliativa, a literatura ganha potência em razão de sua força comunicativa, a voz lírica radicada no tempo histórico, capaz, portanto, de apreender a experiência coletiva.

Em novembro de 1941, saem do prelo, na Editora Martins de São Paulo, as *Poesias* de Mário de Andrade, seleta de *Pauliceia Desvairada*, *Losango Cáqui*, *Clã do Jabuti* e *Remate de Males*, com acréscimo de versos inéditos

---

15. "O Manifesto de Outono", *op. cit.*, pp. 52-54.
16. Em "O Poeta Itinerante", ensaio inserido em *O Discurso e a Cidade* (1993), Antonio Candido se detém em "Louvação da Tarde".
17. "Notinha sobre Mário de Andrade", *O XI de Agosto*, a. XXXVIII, n. 1, jul. 1941, São Paulo, pp. 6-7.

em "A Costela do Grã Cão" e "Livro Azul", que materializavam uma nova vertente lírica, mais complexa em termos imagéticos, refletindo dilacerado ensimesmamento. Antonio Candido se detém nesse universo poético mais compósito, cronologicamente dilatado, que delineava etapas no itinerário criativo do escritor, em uma extensa resenha, no oitavo número de *Clima*, em janeiro de 1942. Como informa, em adendo, tratava-se de "notas tiradas ou resumidas de um ensaio em preparação", abordando a produção lírica do escritor. Desenha o perfil do "grande Mário de Andrade", como "poeta complexo, profundo, extremamente pessoal, em grande parte da sua obra". Distingue nele a "coerência", qualificando-o como "descobridor construtivo", ou seja, que se notabilizara pela inquietude em sua procura pela expressão mais penetrante para exprimir as vivências internas e a realidade do mundo. Para o crítico, o autor, dominando as emoções, lograva transportá-las para a poesia, valendo-se de técnicas seguras de estruturação. O resenhista molda uma consistente e iluminadora cartografia interpretativa desse território poético, em uma "esquematização, medrosamente aventurada". Discerne nessa poesia "aspectos" (as suas linhas de força: o folclore, o cotidiano, o processo individuação, o ímpeto teorizador etc.), "maneiras" (os modos pelos quais ela se realiza: embate, virtuosismo, despojamento) e seus variados "temas" (entre os quais o Brasil, "o conhecimento amoroso [...]; o tema do autoconhecimento e da conduta em face do mundo"), categorias estas passíveis de combinações variadas. Ocupa-se, contudo, em perscrutar apenas a senda na qual o "poeta [...] desce em si mesmo", nos "Poemas da Negra" e no "Rito do Irmão Pequeno". Candido efetua um julgamento abalizado, ao notar nesses versos a chegada do poeta às "raízes escuras do próprio mistério", presumindo que a finalidade da poesia é o "descobrimento em profundidade"[18].

Como Antonio Candido e Mário de Andrade circulavam nos mesmos espaços de sociabilidade cultural, como a Livraria Jaraguá, na rua Marconi, no centro paulistano, inaugurada em 1942, próxima ao escritório do Serviço do Patrimônio Histórico e Artístico Nacional, onde o escritor possuía a sua escrivaninha, eles certamente encontraram ocasiões para se aproximar, afinados principalmente pelo interesse literário. Os seus laços afetivos podem

---

18. Antonio Candido, "Poesias. Mário de Andrade" [resenha], Seção "Livros", *Clima*, n. 8, São Paulo, jan. 1942.

ser atestados pelas condolências que Mário enviou ao jovem crítico, em 2 de abril de 1942, ao saber do falecimento do pai dele, o médico Aristides de Mello e Souza, em 31 de março, em São Paulo. Endereça-lhe, em cartão de visita, o "abraço muito amigo de solidariedade"[19]. Avistando-se com alguma frequência, naturalmente poucas e esgarçadas foram as mensagens que trocaram, vestígios da história de uma amizade. Entre cartas, bilhetes e uma extensa dedicatória em livro, Mário dirigiu onze mensagens a Candido; este lhe endereçou uma única (mas substanciosa) missiva[20].

Na *Revista do Arquivo Municipal* que, em 1946, homenageava Mário de Andrade, Antonio Candido lança luz sobre a centralidade da epistolografia do escritor em sua empenhada atuação intelectual no Modernismo. Avalia que, para o criador de *Belazarte*, "escrever cartas era tarefa de tanta responsabilidade moral e literária quanto escrever poemas ou estudos"[21]. Na "religião da correspondência", o compromisso afetivo ("servir o próximo") cumpria-se por meio de uma potente pedagogia interessada na formação intelectual dos interlocutores, mobilizando "técnicas pacientes e habilidosas"[22]. Essa prática, observada em progresso, em uma ampla rede de intercâmbios, segundo Candido, tinha adquirido uma abrangente envergadura: "a publicação das cartas", sobretudo a dos anos de 1940, "mostrará o papel que teve na formação de uma certa consciência 'funcional' na inteligência brasileira"[23]. Formula, sustentando-se nessa premissa, um (acertado) prognóstico:

A sua correspondência encherá volumes e será porventura o maior monumento do gênero, em língua portuguesa: terá devotos fervorosos e apenas ela permitirá uma vista completa da sua obras e do seu espírito[24].

O diálogo epistolar entre Mário de Andrade e Antonio Candido tanto recupera circunstâncias prosaicas e gestos de cordialidade, quanto historia momentos fortes da atividade criadora do escritor e da atuação do crítico. Em

---

19. Bilhete de Mário de Andrade a Antonio Candido, 2 abr. 1942, Fundo Antonio Candido, Instituto de Estudos Brasileiros, Universidade de São Paulo (IEB-USP).
20. Encontra-se em preparo a edição fidedigna e anotada da *Correspondência Antonio Candido & Mário de Andrade*, organizada pelo autor deste artigo, obra no catálogo da editora Ouro sobre Azul, de Ana Luísa Escorel.
21. Antonio Candido, "Mário de Andrade", *Revista do Arquivo Municipal*, São Paulo, vol. 106, ano XII, jan.-fev. 1946, p. 69.
22. *Idem*, p. 70.
23. *Idem, ibidem*.
24. *Idem*, p. 69.

janeiro de 1943, Mário oferece ao jovem que iniciava a colaboração no rodapé literário da *Folha da Manhã* a coleção da *Revista Nova* (dez números, de 1931 a 1932) de que possuía em duplicata, e alguns volumes de sua obra, entre os quais *Ensaio Sobre Música Brasileira*, de 1928, que carreou uma extensa dedicatória, na folha que traz impresso o nome da mecenas Dona Olívia Guedes Penteado, a quem o volume era oferecido. Espraiando-se, o musicólogo, reflete sobre a linguagem cabotinamente brasileira que empregara no estudo. Confidencia que a transgressora expressão, em escrito de interesse técnico, o desagradava, mas não inteiramente o seu conteúdo, também de orientação nacionalista: "abusei e me 'esbrodolei' à larga, atingindo o carnavalesco por excesso de sabor". Pede a compreensão do interlocutor, pois, ao fim e ao cabo, não "repudi[ava] coisíssima nenhuma" o livro[25], considerando que nele vigorava uma postura consciente de enfrentamento do conservadorismo linguístico da época. Esse texto propicia uma visada de largo espectro biográfico, sublinhando, na rota percorrida pelo autor, a conformidade de suas ações, que visavam mudanças nas engrenagens da realidade cultural (e política).

Três vezes por semana, em 1942, Antonio Candido lecionava em um pequeno ginásio na Avenida Água Branca, e do ônibus, em certo trecho, passando pelas ruas da Barra Funda, antes da sete da manhã, divisava Mário de Andrade no "terracinho que havia perto do quarto dele", em um sobrado de esquina, "cismando com o olhar míope no infinito"[26]. Em 1943, noiva-se com Gilda Rocha, sua colega na Faculdade de Filosofia e no grupo de *Clima*, com quem iria se casar em dezembro. A moça, prima em segundo grau do escritor, vinda de Araraquara, residia, desde os doze anos, na Lopes Chaves e, assim, franqueava-se a casa para o seu namoro. Em janeiro desse ano, Mário desejou compartilhar em primeira mão os versos de *Café*, recém-concluídos, que deveriam ser musicados pelo amigo Francisco Mignone, que morava no Rio de Janeiro. Quando o manuscrito ia sendo esmerilado, em novembro de 1942, escreve ao compositor: "Hoje acabei a marcação completa da ópera. Afinal não pensamos: como é que vamos chamar o troço: ópera? drama lírico? me-

---

25. Carta dedicatória de Mário de Andrade a Antonio Candido, 17 jan. 1943, em *Ensaio Sobre Música Brasileira*, Irene Paris Buarque de Holanda (coord. e org.), *Cartas da Biblioteca Guita e José Mindlin*, São Paulo, Terceiro Nome, 2008, pp. 119-120.
26. Gilda e Antonio Candido de Melo e Souza, "A Lembrança que Guardo de Mário de Andrade", *op. cit.*, p. 25.

lodrama? tragédia lírica? [...] estou tendendo pra 'melodrama' palavra geral e pouco usada[27]". A obra, nomeada por fim "concepção melodramática", encena a utopia da revolução vitoriosa da classe historicamente espoliada. Terminada uma primeira redação de *Café*, Mário, sem "opinião perdurável dois segundos, nem nenhuma garantia" de si, convoca "amigos de vário espírito" para ouvi-lo[28]. Conta Antonio Candido: ele "nos reuniu em 1943 no estúdio dele para fazer uma leitura" da obra. "Estávamos: o advogado argentino Norberto Frontini", ali, por acaso, "Oneyda Alvarenga e seu marido Sylvio, Gilda e eu. Fiquei deslumbrado, e dali a uns dias escrevi a ele comentando longamente"[29]. Na carta, de 16 de janeiro, redigida na "rua Goiás, 89", em Higienópolis, mostrando-se privilegiado por ter sido um dos primeiros a conhecer o trabalho, alega inabilidade para discuti-lo apropriadamente e se propõe a avaliar apenas os "aspectos não teatrais" do "drama (?)". Feita a ressalva (a *benevolentiae captatio* da retórica epistolar), aplaude o autor em seu "empreendimento", que estimava como a "maior obra que jamais viu ou sonhou a poesia dramática no Brasil". Louva nele a habilidade de transcender a matéria histórica brasileira, para atingir uma significação universal, na esfera da arte. Se aprova certos achados, aponta também desafinamentos no enredo, como o "demagogismo" na cena em que se dá o embate entre fazendeiros e empregados. Para além do caráter ostensivamente político da peça, esse leitor arguto percebe um adensamento reflexivo no ideário mariodeandradiano ao longo do tempo, superando o individualismo estético modernista para irmanar-se com os que sofrem em decorrência das desigualdades sociais[30].

Dois dias depois, Mário de Andrade responde, longamente, a carta de Antonio Candido. Elabora uma densa reflexão sobre o processo criativo da obra, escrita quase que inteiramente em "quatro ou cinco dias", embasados

---

27. Carta de Mário de Andrade a Francisco Mignone, "9 nov. 1942 (?)", Lígia Fernandes (org.), *71 Cartas de Mário de Andrade*, Rio de Janeiro, Livraria São José, [1968], p. 110.
28. Carta de Mário de Andrade a Antonio Candido, 18 jan. 1943 Lígia Fernandes (org.), *71 Cartas de Mário de Andrade*, Rio de Janeiro, Livraria São José, [1968], pp. 58-59.
29. Gilda e Antonio Candido de Melo e Souza, "A Lembrança que Guardo de Mário de Andrade", *op. cit.*, p. 25. Em outro depoimento, em 1993, Candido incluirá entre os presentes na leitura de *O Café* o arquiteto Luís Saia ("[Depoimento de] Antonio Candido", Telê Ancona Lopez e Marlene Gomes Mendes (orgs.), "[Depoimento de] Antonio Candido", *Eu Sou Trezentos, Eu Sou Trezentos e Cincoenta. Mário de Andrade Visto Por Seus Contemporâneos*, Rio de Janeiro, Editora Agir, 2008, p. 39).
30. Carta de Antonio Candido a Mário de Andrade, 16 jan. 1943, Arquivo Mário de Andrade, Série Correspondência Passiva, IEB-USP.

em três meses de trabalho, de outubro a dezembro de 1942. O autor confessa "lealmente" a fonte intertextual do libreto – os bardos celtas –, no que tange à escolha do "tom", depois de uma frustrada imersão em Shakespeare, na tragédia grega, nas danças dramáticas do folclore brasileiro[31]. Desvela, na ordenação das cenas, estrategicamente, a "gradativa intensificação dramática do assunto"[32]. Faz autocrítica ("pecado de vaidade"), em face do "excesso de cuidado artístico" e das "mil e uma intenções musicais" no texto[33], que o levara a interferir na tarefa de natureza estritamente musical, atribuição de seu companheiro compositor. Na carta, explicita, ainda, o sentido que atribui ao "teatro", entendido como "fundamentalmente e essencialmente povo"[34], sinalizando a sua intenção de produzir uma obra que pudesse mobilizar a formação de uma certa consciência de classe. O aplauso de Candido lhe causara "agrado extraordinário"[35]; as ressalvas feitas por ele em relação à cena do confronto entre "donos e colonos" repercutem: "[...] a sua objeção me parece [...] válida. Algumas frases já principiam me desagradando francamente e se destacando nítido da inferioridade do conjunto como indignas até dele. Já estou certo que muitas delas vou modificar e outras tirar[36]".

No início de 1943, chegam aos leitores dois livros de Mário de Andrade: os *Aspectos da Literatura Brasileira*, no catálogo da Americ=Edit, do Rio de Janeiro, e *O Baile das Quatro Artes*, sob o selo da Editora Martins, agrupando textos publicados esparsamente em diversas épocas. Antonio Candido, assinando o rodapé na *Folha da Manhã*, se debruça sobre o segundo, em dois artigos, "Jornada Heroica", em 30 de maio, e "Arte e Sociedade", em 6 de junho. O crítico percebe no *Baile*, em contraponto aos *Aspectos*, uma unidade, na presença de tema recorrente, sobretudo a partir do final da década de 1930.

---

31. Carta de Mário de Andrade a Antonio Candido, 18 jan. 1943, Lígia Fernandes (org.), 71 *Cartas de Mário de Andrade*, Rio de Janeiro, Livraria São José, [1968], pp. 56-57.
32. *Idem*, p. 55.
33. *Idem*, p. 52.
34. *Idem*, p. 54.
35. Carta a Mário de Andrade a Antonio Candido, 18 jan. 1943. Fundo Antonio Candido, IEB-USP. O parágrafo inicial da mensagem não foi divulgado em 71 *Cartas de Mário de Andrade*. Em 1993, rememorando esse momento, Antonio Candido mostra como a sua avaliação de *Café* tinha se modificado: "Hoje *Café* não me toca muito, mas lido por ele naquele momento me pareceu um exemplo extraordinário de literatura política, 'participante', como se dizia" ("[Depoimento de] Antonio Candido", Telê Ancona Lopez e Marlene Gomes Mendes (orgs.), op. cit., p. 39).
36. Carta de Mário de Andrade a Antonio Candido, 18 jan. 1943, *op. cit*, p. 58.

Repara no escritor a sua preocupação "de estudar e determinar o papel do artista em relação à arte e de ambos dentro da sociedade"[37]. Esquadrinhando o pensamento estético mariodeandradiano em um vetor cronológico, divisa nele dois momentos. O primeiro, radicado no calor da hora modernista, caracterizava-se pelo "individualismo extremado"[38], o segundo, enraizando-se no *Ensaio Sobre Música Brasileira* e mais claramente definindo-se nos escritos de *O Baile das Quatro Artes* e na conferência "O Movimento Modernista", de 1942, cumpria a defesa da experiência artística de ânimo coletivo, portanto, socializadora. Contra o hiperindividualismo, impõe-se o artista em "contato com o seu tempo e os temas que ele lhe propõe". Essa alteração de rumo ideológico fundamenta o parecer do crítico sobre Mário de Andrade:

> Tendo construído uma obra enorme, pelo valor e pela extensão; podendo persistir calmamente na exploração dos temas descobertos, ou repousar sobre a glória adquirida, este homem de cinquenta anos retoma a pena para recompor a sua atitude diante da vida, num exemplo raro de dignidade e de coragem intelectual[39].

No segundo artigo sobre *O Baile das Quatro Artes*, Antonio Candido, recupera as "teorias estéticas" de Mário de Andrade, buscando sistematizá-las, na discussão sobre as relações entre artista e sociedade. Para o criador de *Amar, Verbo Intransitivo*, na síntese do crítico, o artista "falha" quando entregue a seus próprios interesses ou ao de uma elite; "ultrapassando as condições individuais, erigindo-se contra as verdades de classe, ele alarga a sua esfera e se amplia até coincidir com o verdadeiro sentido do humano que, ele só, pode elevá-lo à grandeza"[40]. Candido assegura que concorda "com quase tudo" no espectro reflexivo engendrado por Mário, visto como modelo em sua "dignidade e de esforço intelectual"[41]. Presume, porém, que o escritor "não aprofundou quanto deveria [...] [a] análise do virtuosismo moderno"[42],

37. Antonio Candido, "Jornada Heroica", *Folha da Manhã*, São Paulo, 30 mai. 1943, *Literatura e Sociedade*, n. 5, p. 173, Departamento de Teoria Literária e Literatura Comparada, Universidade de São Paulo, 2000.
38. *Idem*, p. 174.
39. *Idem*, p. 176.
40. Antonio Candido, "Artista e Sociedade", *Folha da Manhã*, São Paulo, 30 maio 1943, *Literatura e Sociedade*, n. 5, p. 180, Departamento de Teoria Literária e Literatura Comparada, Universidade de São Paulo, 2000.
41. *Idem*, p. 181.
42. *Idem*, p. 179.

assunto que percorre na sequência, oferecendo contribuição para o adensamento do debate. Discorda, ainda, do "deficiente [...] vocabulário filosófico" utilizado pelo ensaísta ("o uso imoderado [...] do termo ser")[43], distinguindo, dessa maneira, a sua formação universitária, que exigia o emprego de uma sólida terminologia científica. Distanciava-se, assim, do autodidatismo (embora excepcional) do teorizador de "O Artista e o Artesão" (e da geração intelectual dele).

Mário de Andrade, semanalmente, passa a avistar-se com Antonio Candido, quando este, na Lopes Chaves, recorria a Gilda para que datilografasse os seus escritos jornalísticos[44]. Preferiu, contudo, agradecer ao crítico por meio de uma carta breve e emotiva, em 11 de junho. Em presença dele, talvez, a gratidão perdesse o frescor que lhe permitia a escrita fluente e estilisticamente expressiva. Na mensagem, reconhece a robustez da avaliação difundida na imprensa:

> É preciso que você saiba que a sua interpretação admirável de um pensamento, menos: de uma aspiração em lascas que você encadeou com tanta lucidez e generosidade, me dignificou, me fortificou, posso dizer que me aperfeiçoou. Fiquei fácil. Não porque certamente agora os outros possam me compreender mais facilmente. Mas porque me ficou mais fácil de me continuar no a que cheguei[45].

Leituras desimpedidas, atentas a fragilidades em posicionamentos críticos, ensejam também reprimendas. Antonio Candido, em registro memorialístico, recorda-se de "algumas restrições ocasionais" que lhe fizera Mário de Andrade. Menciona o rodapé "Mestiçagem e Literatura", na *Folha da Manhã*, em 22 de agosto de 1943, que lhe valeu "uma longa carta" do amigo, "mostrando a bobagem do [...] ponto de vista" que adotara ao focalizar a vida e a obra de Gonçalves Dias e Tobias Barreto, baseando-se "no que é acessório, como físico, raça, circunstâncias da vida e outros tópicos que servem para explicar qualquer coisa"[46]. O artigo se propõe a discutir a influência da mestiçagem na

---

43. *Idem*, p. 181.
44. "[Depoimento de] Antonio Candido", Telê Ancona Lopez e Marlene Gomes Mendes (orgs.), *op. cit.*, p. 40.
45. Carta de Mário de Andrade a Antonio Candido, 11 jun. 1943, Fundo Antonio Candido, IEB-USP.
46. [Antonio Candido, carta póstuma a Mário de Andrade], em Fábio Lucas (org.), *Cartas a Mário de Andrade*, Rio de Janeiro, Nova Fronteira, 1993, pp. 21-22.

"cultura artística e intelectual"⁴⁷ brasileira, desviando-se da questão étnica, para privilegiar os seus fundamentos sociais. Sob essa perspectiva, a psicologia do mestiço no país modelar-se-ia a partir de seus embates com a sociedade, que o marginaliza, no processo histórico. A engrenagem interpretativa abre flanco para polêmicas quando o resenhista julga ser "fora de dúvida a instabilidade mental do mestiço":

> [...] num país como o Brasil, a pouca divisão do trabalho cultural força o desdobramento do indivíduo por várias atividades. E se o branco é levado a isso, muito mais o mestiço, dispersivo e versátil, como é, devido à sua situação marginal, isto é, propícia à instabilidade.

Mestiçagem liga-se, então, à versatilidade, atributo positivo nos casos de Gonçalves Dias, "poeta, dramaturgo, historiador, etnógrafo", aderente às classes superiores; e de Tobias Barreto, "jurista, filósofo, poeta, crítico de literatura e de música, linguista, jornalista etc.", que reagia à segregação⁴⁸.

Mestiço e polímata, Mário de Andrade mergulha a fundo na controvérsia, escoando seus argumentos em uma carta de seis páginas, datilografada. Contra a estreita vinculação entre "mulatismo" e versatilidade, evoca Da Vinci, Michelangelo – "arianos" – Nietzsche, o grego Fídias, "que foi escultor, arquiteto, superintendente, urbanista e músico provavelmente". Refuta as "generalizações", pelo que elas têm de "quase sempre simplistas". Deseja sobretudo colocar em pauta a leitura sociológica que Antonio Candido faz dos textos literários, reflexo de sua trajetória acadêmica. Detecta, na crítica literária e de artes da época, uma tendência para o "desleix[o] por completo [da] obra-de-arte". Para o escritor, reconhecendo ter ele próprio, em alguns de seus estudos, caído nessa armadilha, "nenhuma explicação elucidativa do artista auxilia no menor mínimo a funcionalidade da obra-de-arte". Insiste, em outra passagem: "a obra-de-arte é inteiramente livre do seu autor – pouco importa as razões psicológicas, sociológicas e o diabo que o levarem a fazê-la". Desqualifica leituras sociológicas e psicológicas, estas menos que aquelas, quando formulam olhares totalizantes. Justifica-se, detendo-se na área que orienta a prática hermenêutica do crítico:

---

47. "Literatura e Mestiçagem", *Folha da Manhã*, São Paulo, 22 ago. 1943; Marcos Flamínio Peres, *A Fonte Envenenada: Transcendência e História em Gonçalves Dias*, São Paulo, Nova Alexandria, 2003, p. 183.
48. *Idem*, p. 187.

[...] a inflação atual da sociologia [...] como processo de elucidação do indivíduo peca assustadoramente como precariedade de método. A coletividade é necessariamente, por natureza, muito mais simples que o indivíduo.

Mário quer problematizar os métodos interpretativos da obra literária, propondo análises mais verticalizantes. Coloca à prova o sistema avaliativo vigente no artigo:

[...] o problema talvez único, pelo menos principal, de que tudo decorrerá, com equilibração da sua crítica, é você decidir até que ponto deve ir, que peso deverá ter, a participação da sociologia e da psicologia, na atitude do crítico de arte[49].

Teria essa confrontação do método contribuído para a edificação das bases daquilo que mais tarde Candido chamaria de "redução estrutural", visando apreender o modo como a obra literária internaliza o seu contexto?

Ponderações sobre a especificidade da abordagem sociológica da obra de arte perduram na crítica de Antonio Candido. Em sua resenha "Um Ano", na *Folha da Manhã*, em 9 de janeiro de 1944, garante que "o condicionamento social e histórico da literatura não é apenas a sua moldura, mas – sem que isso implique num atentado à sua autonomia – a própria substância da sua realidade artística [...]"[50]. Promove, de certo modo, um diálogo enviesado com Mário de Andrade. O nome do escritor surge, com alguma frequência, nos rodapés. Em 26 de novembro de 1944, Candido, dedicando-se aos contos de *Mulher que Sabe Latim...* de Mário Neme, em "Armadilhas, Para Quê Vos Quero?", alude ao experimentalismo linguístico do precursor da vanguarda literária, à sua "linguagem de combate e reforma"[51]. A resenha desencadeará outra missiva desse leitor que sempre o acompanhava nos periódicos e que um dia lhe confidenciara: "Domingo [...] gosto de pegar o bonde, ir até o Largo Paissandu, tomar uma batida no Café Juca Pato, comprar o jornal e vir de volta lendo seu artigo"[52].

---

49. Carta de Mário de Andrade a Antonio Candido, 22 ago. 1943, Fundo Antonio Candido, IEB-USP.
50. Antonio Candido, "Notas de Crítica Literária: Um Ano", *Textos de Intervenção*. Seleção, Apresentações e Notas de Vinícius Dantas, São Paulo, Duas Cidades/ Editora 34, 2002, p. 35.
51. Antonio Candido, "Notas de Crítica Literária: Armadilhas, Para Quê Vos Quero?", *Folha da Manhã*, São Paulo, 26 nov. 1944.
52. "[Depoimento de] Antonio Candido", Telê Ancona Lopez & Marlene Gomes Mendes (orgs.), *op. cit.*, p. 40.

Na margem esquerda do papel de carta, Mário de Andrade, escreve, a mão, a data: "S. Paulo, 26-XI-44", e logo abaixo, o nome do destinatário: Antonio Candido. Ao ler o artigo sobre Mário Neme, relata que sentira o desejo de abraçar o amigo pela ótima qualidade da avaliação crítica, nesse momento difícil, em que se sentia "movido por desgostos talvez íntimos demais". Escrevia, sem saber ainda se a carta iria chegar ao destino: "O mais provável é rasgá-la depois de escrita, e é pretexto para dar vazão a mim mesmo. Ao menos me sossego". Candido perfaz uma escuta fantasmática, a figuração de um interlocutor ideal, para que Mário pudesse desenvolver o tópico central da missiva; tencionava examinar qual a melhor forma de realizar a crítica, supondo que ela nunca "esteve tão desnorteada e mesmo errada". Para ele, devia-se "criticar as obras pelo que elas oferecem e não pelo que o crítico quer, preliminarmente quer que ela ofereça". A sombra narcísica dos críticos, a seu ver, vinha se sobrepondo à obra, em nome de um alardeado (mas nem sempre cumprido) "método". Para o remetente, dos que conhecia, escapavam do descaminho apenas Antonio Candido e "talvez o Lauro Escorel", colaborador de *A Manhã* no Rio de Janeiro, de quem ainda aguardava provas mais decisivas, "sendo um bocado cedo pra gente afirmar que ele persevera no ótimo caminho que segue"[53]. Ao colocar o ponto final nesse parágrafo, deixa a página em branco, comunicação suspensa; anula a carta, afastando-a dos olhos de seu interlocutor. Um elogio como esse, afinal, uma vez enunciado, exprimindo um alto grau de expectativa, não viria a se transformar em pesado fardo ao crítico? Candido guardou na memória o desafio brincalhão que, por certo, nessa época, Mário lhe fez: "Tome cuidado, mineiro. Tem um paulista no Rio que está passando na sua frente"[54].

Antonio Candido e Mário de Andrade construíram uma segura relação de amizade, admirando-se mutuamente, ligados em família e no plano intelectual. O gosto da crítica, afinidade eletiva, os aproximou. Respeitaram-se nas diferenças, acolhendo as restrições recebidas como forma de aprendizado. Valorizaram nos diálogos o sentido da autonomia. Candido, no final de 1944,

---

53. Carta de Mário de Andrade a Antonio Candido, 26 nov. 1944, Arquivo Mário de Andrade, Série Correspondência, IEB-USP.
54. "[Depoimento de] Antonio Candido", Telê Ancona Lopez e Marlene Gomes Mendes (orgs.), *op. cit.*, p. 40.

pediu ao modernista indicações de temas para a elaboração de tese, com a qual pretendia concorrer ao posto de professor de literatura brasileira na Universidade de São Paulo, no ano seguinte. Como as sugestões vindas em resposta não lhe atendessem, preferiu destrinçar o método crítico de Sílvio Romero. Seguiu, de todo modo, "o preceito de Mário sobre ser melhor aproveitar o conhecimento acumulado"[55]. No ensaio biográfico, na *Revista do Arquivo Municipal*, em 1946, Candido cumpria o esforço de sintetizar traços da personalidade do "múltiplo sem ser dispersivo" Mário de Andrade: "mistura de simpatia, de participação, de humildade, de penetração, de ternura e de paciência"[56]. Alunos e discípulos do autor de *Literatura e Sociedade* seguramente diriam que essa definição também lhe caía como uma luva.

---

55. Antonio Candido, "Mário e o Concurso", *Recortes*, 3. ed. revista pelo Autor, Rio de Janeiro, Ouro sobre Azul, 2004, p. 264.
56. Antonio Candido, "Mário de Andrade", *Revista do Arquivo Municipal*, p. 72.

14

Antonio Candido e
Alceu Amoroso Lima:
Diálogos e Correspondência

LEANDRO GARCIA RODRIGUES

CADA VEZ MAIS os estudos sobre correspondência literária, que tentamos sintetizar na expressão "crítica epistolográfica" e suas metodologias específicas, têm revelado fatos biobibliográficos, revisões acerca do cânone e da historiografia literários, diversos aspectos que dinamizam e reconfiguram os estudos literários. Pensar nas diferentes naturezas e funções da epistolografia é, sem dúvida, entrar num terreno complexo e conflituoso que envolve remetentes, destinatários, cartas, envelopes, selos, fotografias, recortes de periódicos trocados e outros rituais próprios da correspondência, levando-nos a pensar nesta liturgia que tanto marcou a nossa vida literária, e que hoje em dia corre o risco de ser inserida no museu das grafias, dado o avanço avassalador das redes e comunicações virtuais.

Quando Philippe Lejeune escreveu o seu pequeno ensaio-crônica "A Quem Pertence Uma Carta?"[1], inserido em *Pour l'Autobiographie*, o crítico francês tocou num dos principais problemas do gênero epistolar – o direito de posse do objeto carta numa correspondência, especialmente aquelas missivas que se tornaram públicas via publicação com ou sem o consentimento de uma das partes. Texto híbrido por natureza, a carta se mostra, desta forma, uma espécie de elo entre o homem e a sua obra, transitando entre o público e o privado, possibilitando outros olhares e considerações, novas exegeses e (re)definições de papéis e responsabilidades entre remetente e destinatário.

---

1. Philippe Lejeune, *Pour l'Autobiographie*, Paris, Seuil, 1998.

A carta é um texto instável nas suas formas e expressões, é uma tipologia polimorfa e híbrida por natureza, não podendo receber definições e limites inflexíveis sem abrir a possibilidade das exceções. É um gênero de fronteira, de entre-lugar, cambiando sempre entre o público e o privado, embaralhando por completo estes espaços em determinadas correspondências, especialmente quando estas são publicadas e reveladas. Neste sentido, uma boa questão é: será que o missivista escreve a sua carta e pensa na possibilidade futura de a mesma ser publicada? Ou a publicação é uma vontade de seus herdeiros ou então de pesquisadores com intenções investigativas e/ou voyeurísticas?

A correspondência entre Antonio Candido e Alceu Amoroso Lima foi pequena em termos quantitativos; ao que se sabe, apenas três documentos: duas cartas de Candido a Alceu e apenas uma deste àquele[2]. Claro está, o arquivo de Antonio Candido ainda não está aberto e disponível à consulta e pesquisa, por isso mesmo podemos ter esta quantidade revista, quando da disponibilização deste acervo. Inclusive, a única carta de Alceu a Candido que conhecemos é uma cópia, feita via carbono a partir do datiloscrito original. Pessoalmente, Alceu não tinha o bom costume de fazer cópias das suas missivas, mas alguns dos seus secretários o faziam, particularmente João Etienne Filho, que nunca deixou de copiar as cartas que datilografava e Alceu apenas as assinava. Foi por este artifício que localizamos este documento no arquivo do crítico.

Alceu iniciou a correspondência, como se pode depreender desta resposta de Antonio Candido:

S. Paulo, 5 de dezembro de 57[3]
Meu caro Mestre

Venho, um pouco atrasado, acusar o recebimento da sua carta de 24 de outubro, convidando-me para preparar um livrinho sobre Graciliano Ramos. Convite seu é ordem, a que não me saberia furtar. Procurarei corresponder à sua confiança, trabalhando nessa tarefa como homenagem não apenas ao grande romancista, mas ao grande crítico.
E o prazo? Estaria bem dentro do primeiro semestre de 58? Espero as suas ordens neste sentido, com os sentimentos mais cordiais,
Antonio Candido.

2. Os originais destes documentos se encontram no arquivo do Centro Alceu Amoroso Lima para a Liberdade, instituição que salvaguarda o acervo do crítico, localizada na cidade de Petrópolis (RJ).
3. Carta assinada: "Antonio Candido"; datada: "S. Paulo, 5 de dezembro de 57"; autógrafo a tinta preta; manuscrito original em papel ofício branco; filigrana; 1 folha; 21 x 33 cm. Estado de conservação: ótimo.

Trata-se de *Ficção e Confissão*, este "livrinho sobre Graciliano Ramos", que Antonio Candido escreveu e foi publicado pela editora José Olympio. Inicialmente, a ideia de Alceu é que Candido o publicasse pela Editora Agir, a qual tinha Alceu Amoroso Lima como um dos seus sócios proprietários e editor chefe. Desconheço totalmente a razão pela qual o livro não saiu pela Agir, talvez quando o arquivo de Antonio Candido estiver aberto às pesquisas possamos saber o porquê.

Este pedido de Alceu a Candido é algo corriqueiro nas trocas epistolares. A correspondência, conforme os estudos vêm mostrando, não serve apenas para intercâmbio de informações e notícias, é um espaço de sociabilidade, de formação de pensamento, um laboratório de ideias e de estilísticas. Daí o convite de Alceu: o velho crítico reconhecia no novo crítico a capacidade profissional deste acerca da obra e do pensamento do autor de *Vidas Secas*. Anos depois, Antonio Candido volta a fazer contato, enviando esta carta a Alceu Amoroso Lima:

São Paulo, 2 de dezembro de 60[4]
Meu caro Mestre

Escrevo para fazer-lhe um honroso convite. Como é do seu conhecimento, no ano passado realizamos, em Recife, o Primeiro Congresso Brasileiro de Crítica e História Literária, evento este de suma importância para todos nós. Naquele, foi unânime a decisão da Comissão Organizadora, pela qual escrevo agora, de que deveríamos homenagear o nosso querido Mestre Alceu Amoroso Lima num próximo Congresso.

Por isso, venho solicitar ao querido Mestre um relato da sua vida de crítico literário e de pensador católico que iluminou a todos nós. E claro, e sua participação conosco é uma honra de grande alegria.

Este segundo congresso será realizado na Faculdade de Filosofia de Assis, no interior paulista, uma cidadezinha pequena que se quer grande, e este encontro ajudará neste propósito.

Ficamos, meu caro Mestre, aguardando a sua preciosa contribuição. Fique à vontade no formato, pois vindo do seu engenho, temos a certeza da qualidade.

Com os mais sinceros sentimentos do seu discípulo
Antonio Candido.

---

4. Carta assinada: "Antonio Candido"; datada: "São Paulo, 2 de dezembro de 60"; autógrafo a tinta preta; manuscrito original em papel ofício branco; filigrana; 1 folha; 22 x 34 cm. Estado de conservação: ótimo.

O Segundo Congresso Brasileiro de Crítica e História Literária ocorreu na Faculdade de Filosofia, Ciências e Letras de Assis (SP), nos dias 24 a 30 de julho de 1961, e teve Alceu Amoroso Lima como um dos seus presidentes de honra[5]. No seu discurso, na sessão de abertura, assim afirmou Antônio Soares Amora:

> Um congresso não vale só pela sua organização e pelos bons propósitos da Administração Pública. Vale sobretudo pelo espírito que o domina e pelo trabalho que realizam seus participantes. E quanto a isto, não tenho dúvida: críticos, investigadores, intelectuais e professores universitários do mais alto nível profissional aqui estão reunidos, evidentemente não para resolver todos os problemas suscitados pela Crítica e pela História Literária modernas, ou para defender esta ou aquela posição doutrinária, pois que um congresso científico não compadece tais objetivo. Aqui, o que se visa é, num clima de absoluta liberdade de convicções e de verdadeira cooperação intelectual, estabelecer um diálogo que resulte fecundo em matéria de atualização de conhecimentos, no campo da Problemática da Literatura, da Crítica e da Historiografia Literária, cada uma em si, e na sua aplicação à literatura brasileira[6].

Ainda fazendo memória aos organizadores desta cúpula que muito pensou e deliberou sobre os nossos estudos literários, destaco as palavras do escritor e professor Jorge de Sena, secretário geral daquela reunião:

> Com efeito, como escritor que sou, ser-me-ia muito penoso, em meu túmulo, descobrir que eu tinha escrito tanto, apenas para que um sujeito fizesse, à minha custa, uma carreira. Os escritores não escrevem para os críticos ou os historiadores; escrevem para ser lidos, compreendidos, amados, e para que a humanidade seja um pouco menos pobre e um pouco mais fraterna. E, sem escritores, em verdade a Crítica e a História Literária não teriam razão de existir, a não ser que, esquecidas do seu objetivo fundamental, passassem a vida a criticar-se e a historiar-se a si mesmas... transformando-se naquilo mesmo que querem disciplinar, a literatura. Mas tudo isto, com a sua imensa autoridade, vô-lo diz melhor o crítico Tristão de Athayde, ou seja, o Prof. Alceu Amoroso Lima, patriarca da Crítica no Brasil[7].

---

5. Segundo o livro dos anais deste evento, os presidentes de honra foram: Alceu Amoroso Lima, Álvaro Lins, Aristeu Seixas, Arsênio Tavolieri, Augusto Meyer, Austregésilo de Athayde, Cândido Jucá Filho, Gilberto Freyre, Herbert Moses, João Alfredo da Costa Lima, Nilo Pereira, Paulo Duarte, Peregrino Júnior, Sérgio Buarque de Holanda e Sérgio Milliet. A presidência executiva do congresso ficou sob a responsabilidade de Antônio Augusto Soares Amora; e o secretariado geral foi de Jorge de Sena.
6. Carta assinada: "Alceu Amoroso Lima"; datada: "Petrópolis, 1 de maio de 1961"; autógrafo datilografado; carta datiloscrita; cópia em papel ofício branco; filigrana; 3 folhas; 22 x 31 cm. Estado de conservação: regular, com pequenas rasgaduras no canto superior direito da primeira folha, sem dobraduras, pequenas manchas amarelas em todas as folhas (Anais, 1963, p. 29).
7. *Idem*, p. 35.

Com efeito, Alceu Amoroso Lima respondeu à segunda carta que recebeu de Antonio Candido. Particularmente, como especialista que sou na obra e no pensamento de Alceu, considero esta missiva um dos mais importantes documentos escritos pelo crítico, no qual ele faz uma verdadeira história da Crítica Literária no Brasil. Alceu enviou esta carta-resposta a Candido, que a leu em forma de mensagem na sessão de abertura do Congresso de Assis. Anos depois, em 1963, a mesma saiu publicada nos anais do evento em forma de mensagem, tendo sofrido algumas poucas mudanças, apenas no seu cabeçalho, retirando-se os elementos iniciais e finais que em geral configuram uma carta, sem modificar seu conteúdo e mensagem. Ei-la:

Petrópolis, 1 de maio de 1961[8].

Meu caro Antonio Candido

Peço desculpas pela demora na resposta, mas os afazeres e compromissos são tantos que demoro cumpri-los.

Sua carta trouxe alegria a este velho combatente, me honrando com a homenagem dos maiores críticos do nosso país, dentre os quais, você. Estive há dias com o Álvaro Lins que me falou desta novidade do congresso e da homenagem que vocês me prestarão. É uma alegria.

Você me pede um relato da minha vida de crítico de ideias, tentarei fazê-lo. Só não sei se compareço ao evento, pois me julgo definitivamente à margem da crítica literária militante. E julgo que só devem dele participar aqueles que se encontram em plena atividade. Já me considero um homem de outras eras, tendo em vista a marcha precipitada dos tempos, em que cada ano vale por um decênio a menos... Não devemos perturbar os debates dos jovens com as nossas presenças. Podemos, quando muito, trazer-lhes a voz de um passado que vale apenas para a História Literária. Para essa nada envelhece. Tudo é presente. E tudo vale pelo que a ela comunicamos do que em nós havia de mais sincero, de mais profundo. Por isso é que para corresponder, ao menos de longe, à grande generosidade dos organizadores desse segundo certame de Crítica e História Literária em nosso meio, aqui estou ao menos para agradecer e para trazer uma palavra de estímulo aos que se dedicam, de corpo e alma, a uma tarefa que, no meu tempo, em 1919, quando também me lancei nessas mesmas lides, era apenas tarefa isolada de livres atiradores. Fiquei até hoje um deles. Ninguém se isenta daquilo que foi a atmosfera de sua mocidade.

Quando me lancei, ou antes fui lançado por Renato de Toledo Lopes, nessa "*selva selvaggia ed aspra e forte*" da crítica literária militante, em 1919, o terreno estava

---

8. Carta assinada: "Alceu Amoroso Lima"; datada: "Petrópolis, 1 de maio de 1961"; autógrafo datilografado; carta datiloscrita; cópia em papel ofício branco; filigrana; 3 folhas; 22 x 31 cm. Estado de conservação: regular, com pequenas rasgaduras no canto superior direito da primeira folha, sem dobraduras, pequenas manchas amarelas em todas as folhas.

praticamente vazio. Já haviam desaparecido os grandes críticos de outrora. Só restavam uns epígonos sem valor, sem ideias, sem doutrina, sem prestígio, a não ser um grande mestre que exercia a crítica com imenso saber, mas com certa displicência, que mostrava quanto estava distante da gravidade da tarefa a que se dedicava, marginalmente, só interessado em outros estudos. Quero referir-me, como todos sabem, à figura singular de João Ribeiro, que foi o traço de união entre os grandes críticos da geração naturalista – Sílvio Romero, José Veríssimo e Araripe Júnior – e a nossa própria ambição de participantes direta ou indiretamente da geração modernista.

Lancei-me à aventura sem nenhuma preocupação revolucionária ou contrarrevolucionária, futurista ou passadista, como então se dizia. Lancei-me com uma preocupação que Emmanuel Mournier, de saudosa memória, diria puramente personalista. Não de um personalismo, como vulgarmente se entende a expressão, isto é, com a preocupação central das pessoas, mas de um personalismo, digamos assim, filosófico, de um humanismo em que o valor das obras se mede não por sua obediência a regras transmitidas ou a uma perfeição verbal estereotipada, mas como expressão de uma convicção pessoal, em que o valor da pessoa humana é primordial. E portanto uma visão de literatura como expressão total da vida, da vida em todos os seus aspectos, natural e sobrenatural, passado, presente e futuro, com uma sede de totalidade, limitada apenas pela natureza da pessoa humana e por um humanismo teocêntrico que, longe de o limitar, é realmente a sua integralização.

Essa colocação da crítica literária dentro de uma filosofia da vida que a transcenda e por isso mesmo a valorizava, longe de diminuí-la, é que iria ser, de 1919 a 1928, a preocupação não única certamente, mas crescente desse crítico tímido de 1919 que, para melhor resguardar sua independência, se protegia por detrás de um escudo, no caso um pseudônimo, que era como que a ilusão do avestruz escondendo a cabeça debaixo das asas, pensando com isso defender-se dos seus perseguidores. No dia seguinte ao do nascimento do Tristão, já ninguém ignorava, ao menos entre os que o cercavam, quem era o jovem e novo crítico que surgia no meio das hostes pré-modernistas. Nesse tempo, aliás, ainda não se falava em Modernismo ou passadismo. Estávamos ainda no crepúsculo de um mundo de transição que mal começava a ter consciência de que era, ao menos por metade, um mundo morto. Começávamos, por isso mesmo, sem nenhuma preocupação doutrinária ou sistemática. Éramos apenas um jovem de vinte e poucos anos que aceitava um convite para fazer a "Bibliografia" (assim se chamava a nossa seção no *O Jornal*, fundado em 1919, por Renato de Toledo Lopes) dos livros recentemente publicados. Não havia no momento nenhuma veleidade revolucionária a não ser em conversas particulares de cafés. E como não fui muito de conversas literárias de café, a verdade é que o Tristão nascia sem compromisso algum. Pois, se não tinha contato, a não ser apenas acidental, com os novos, muito menos o tinha com os velhos, com os acadêmicos, com os consagrados. Chegava totalmente de mãos abanando. Sem nenhuma ambição literária. Em plena disponibilidade. Pois nem ao menos havia então resolvido os seus próprios problemas de filosofia da vida. Vinha de mãos livres. Sem compromisso com ninguém. Nem mesmo com qualquer ideia ou posição de ordem social, filosófica ou religiosa. Era realmente uma página em branco, disposta exclusivamente a dar uma opinião pessoal, quando muito marcada profundamente pela profissão de fé impressionista dos mestres da crítica literária francesa de então, a única que realmente nos marcara em nossa adolescência prematura: Anatole France, Jules Lemaitre e Remy de Gourmont. Foram os únicos mestres cujos ensinamentos literários havíamos bebido durante esses anos de intensa leitura, sem a menor preocupação de sermos, nós mesmos, os responsáveis por qualquer trabalho próprio nesse sentido e, muito menos, por qualquer orientação na evolução da crítica literária entre nós. Sílvio Romero fora nosso mestre na Faculdade de Direito, e muito nos impressionara como professor. O melhor de todos os nossos mestres. O único, pode-se dizer, que exerceu alguma influência em nossa geração fora das aulas e das matérias que nos ensinava: a princípio Filosofia do Direito e mais tarde Economia Política. Como crítico literário nessa época, pouco ou mesmo nada nos dizia. Impressionou-nos e marcou-nos apenas como homem de ideias e acima de tudo como homem de uma personalidade inconfundível, como nordestino típico e ao mesmo tempo como grande agitador de ideias, que nos comunicou, insensivelmente, o evolucionismo spenceriano em que assentou, junto ao criticismo kantista, sua própria filosofia da vida, ainda no fundo, impregnada de certo sentimentalismo cristão, mal encoberto por seu filosofismo anglo-germânico. Como crítica literária, eram as ideias do impressionismo francês que nos marcaram antes de nos lançarem, mais do que propriamente nos lançarmos nesse campo em que, por tantos anos, iríamos militar. Havia um grande vazio no momento. Nele entrávamos por mãos alheias e marcados pelo impressionismo francês. Só depois de começarmos a tarimba cotidiana da leitura e da impressão crítica hebdomadária a princípio mesmo diária, é que fomo-nos libertando do jugo desse impressionismo que até então víramos apenas, seja dito de passagem, não como um jugo, mas como uma libertação. Mantemos até hoje a mesma convicção. O impressionismo foi uma libertação. E até hoje possui e pode comunicar uma lição de bom gosto, de liberdade, de humanidade autêntica, que é de valor imortal e que nenhum didatismo, nenhum formalismo, nenhuma disciplina objetiva ou científica pode suprir. A crítica literária deve ao impressionismo francês uma lição imortal a que nunca será suficientemente grata. E que precisa sempre guardar como um valor intrínseco e insubstituível.

Quem nos libertou do unilateralismo impressionista foi Benedetto Croce. Por ele e com ele, sem dúvida, alargamos o nosso campo de visão da crítica, não por antítese ao Impressionismo, mas por uma nova libertação: a dos nossos pontos de vista puramente individuais, isto é, do próprio crítico, numa tentativa de devolver aos autores e às obras aquilo que o crítico tinha chamado exclusivamente para si. Essa volta à objetividade, não por um repúdio ao subjetivismo impressionista, mas por uma superação, é que consideramos a lição recebida de Benedetto Croce. E já nos levava, desde 1922, ao nosso próprio expressionismo tal já como procurávamos exprimi-lo, no prefácio dessa nossa estreia literária com a biografia de Afonso Arinos, no próprio ano da Semana de Arte Moderna.

Esse livro nada teve de intencionalmente comum com a Semana. Foi escrito a convite de Jackson de Figueiredo numa coleção que a revista *Terra de Sol*, dirigida pelo editor português Álvaro Pinto, então residindo e trabalhando entre nós, ia lançar. Acabou este livrinho de estreia ligado à Semana de São Paulo pela data e pela veleidade de lançar a Crítica Literária brasileira nos rumos de uma nova objetividade que viria a ser mais tarde o próprio sentido de sua expressão mais recente de que são sintomas marcantes, tanto o Congresso de Recife como o de Assis, que ora se realiza.

Meu caro Antonio Candido, como você pediu na sua última carta, trago à nova geração estas palavras de congratulação e de saudade de coisas idas e vividas há tanto tempo. Passados quarenta e dois anos desses idos de 1919 em que tercei as minhas primeiras armas, a crítica literária, longe de ser, como então era, quase uma *no man's land*, é um campo aberto, por vezes de batalhas sem dúvida, mas de batalhas sadias, como demonstração de vitalidade, de interesse, de estudo, de amor por uma tarefa árdua, que só deve crescer com o tempo, porque o Brasil realmente é hoje, muito mais do que era há quarenta anos, uma potência, material e culturalmente, em caminho de uma posição internacional que então lhe faltava. E é para os homens da velha guarda como eu, já aposentados das tarefas militantes da crítica uma alegria indizível, sentir que essas quatro décadas, longe de representarem uma decadência ou mesmo uma estagnação, representaram um inegável progresso, que faz com que a Crítica e a História Literárias sejam hoje em dia, no panorama de nossa vida cultural, um dos terrenos mais fecundos em ideias, obras e vitalidade. E quando a crítica de uma literatura está como a nossa hoje em dia em plena vitalidade é porque a cultura do povo de alto a baixo da escala social está em plena ascensão.

Meu caro amigo, esta nota de otimismo e alegria é que coloco no limiar desta reunião como um signo de continuidade e simpatia e um penhor da cordialidade de vossos debates, pedindo a Deus que não os olvidem, pois certamente já ninguém delas se recorda, das palavras com que, em 1944, este velho crítico terminava a sua tese para a cátedra de que em breve se despedirá na Faculdade Nacional de Filosofia:

"A crítica literária é vida vivida em união com todas as angústias e vicissitudes dos nossos irmãos, ou apenas a sombra de uma vaidade vã".

É isso, meu caro Antonio Candido, eu tenho a dizer, a te relatar, na certeza de que esqueci de muita coisa, fui injusto com muita gente. Mais uma vez, te agradeço muito o carinho e a deferência, você que sempre me chama de mestre, mas os mestres mudam, e sinto que você já não é mais discípulo.

Despeço na graça de Deus, na certeza do sucesso do nosso congresso. Desculpe este relato tão breve, mas foi o que consegui me lembrar.

Em Cristo,
Alceu Amoroso Lima.

Sem dúvidas, esta carta se autoexplica. Mais do que uma missiva, trata-se de um ensaio cheio de vida e narrativa crítico-histórica que muito interessa ao pensamento brasileiro e, em particular, aos nossos estudos literários. Dentre as suas tantas funções, a correspondência também serve como uma espécie de experiência ensaística, possibilitando aos correspondentes não apenas a troca de informações mas, sobretudo, o partilhar de convicções, (des)construindo valores e opiniões e (re)construindo novos saberes[9]. Neste sentido, o próprio Alceu valorizou a escrita epistolar, conforme afirmou ao amigo e poeta Carlos Drummond de Andrade, numa carta de 01.02.1929: "Sem ter tempo de escrever, escrevo demais e escrevo pelo prazer de receber a resposta. E pelo amor à correspondência, essa forma literária que hoje em dia me satisfaz"[10].

Desta forma, sabemos que a epistolografia trabalha com uma possibilidade natural e intrínseca de provocar mutações ideológicas nos seus possíveis destinatários – evoco o plural – influenciando novas ideias e atitudes, permitindo a reflexão, levando-nos a conceber a carta como uma "categoria transhistórica" do discurso. De fato, determinadas missivas adquiriram valor e função públicas, especialmente se levarmos em consideração o conteúdo das mesmas que servem para compreendermos momentos e particularidades da nossa própria história cultural, bem como para (re)avaliarmos biografias e outras narrativas de vida. É o caso da pequena – mas muito significativa – correspondência entre Alceu Amoroso Lima e Antonio Candido, como se pode perceber e sentir através deste epistolário de três cartas. São cartas para todos, são cartas da/para a História, não pertencem apenas aos respectivos correspondentes. São "documentos para amanhã"[11], usando uma expressão do próprio Alceu Amoroso Lima, isto é, textos públicos que inicialmente tiveram uma origem pessoal determinada pela

---

9. No livro *Contrapontos: Notas Sobre a Correspondência no Modernismo*, Júlio Castañon Guimarães propõe que a pesquisa em torno da epistolografia possibilita esta aproximação do texto epistolar com a produção ensaística: "Associadas a esse tipo de utilização do termo carta, estariam as cartas escritas efetivamente para um destinatário particular, mas veiculadas publicamente pela imprensa. Ou ainda, cartas dirigidas a um destinatário particular e a ele de fato enviadas, mas escritas de tal forma a constituírem um ensaio sobre determinado assunto, de modo que posteriormente, com sua reunião e publicação, assumem praticamente a forma de um ensaio" (Júlio Castañon Guimarães, *Contrapontos...*, Rio de Janeiro, Fundação Casa de Rui Barbosa, 2004. 2004, p.17).
10. Leandro Garcia Rodrigues, *Alceu & Drummond*, Belo Horizonte, Editora da UFMG, 2014, por mim organizado, que traz a correspondência entre Alceu Amoroso Lima e Carlos Drummond de Andrade.
11. Esta expressão "Documentos para Amanhã" é o título de uma crônica que Alceu publicou, no *Jornal do Brasil*, em 4 de maio de 1973.

relação remetente-destinatário, mas que alcançaram outros destinos, iluminam outras questões e impasses.

Não são apenas documentos levados e trazidos pelos Correios & Telégrafos, mas são "cartas pensamenteadas", usando a expressão de Mário de Andrade numa carta a Manuel Bandeira, em 19 de março de 1926. E digo mais: são cartas semânticas e cheias de múltiplas possibilidades interpretativas e agentes de transformação do cânone da nossa própria história literária (e por que não da historiografia?). Entre o palco e os bastidores, a criação e a publicação, o público e o privado, a correspondência vai preenchendo diferentes lacunas da nossa vida literária, possibilitando a compreensão de determinados estilos e intenções, determinadas obras e os caminhos de sua criação, bem como ajuda na decifração de inúmeras problemáticas biográficas e pessoais que envolvem o universo pessoal dos missivistas[12].

No seu texto "Razões Mais Profundas", ensaio introdutório à correspondência de Carlos Drummond de Andrade e Alceu Amoroso Lima, Marcos Antonio de Moraes fornece outras possibilidades para a pesquisa epistolográfica:

> A correspondência dificilmente produz a ilusão de uniformidade de um "retrato" estático dos interlocutores. Fragmentos discursivos, orientados por interesses comuns entre os carteadores, sofrendo derivas imprevistas na condução dos assuntos, resultam, quando reunidos, em um testemunho autobiográfico instável. A autorrepresentação no espaço da carta modifica-se ao longo dos dias, traduzindo o dinamismo do ser. Surpreende-se na correspondência a subjetivação em processo, território movediço, onde coexistem valores e ideários obstinados, reavaliações da experiência e flagrantes contradições. [...] Em contraste com o empreendimento (auto)biográfico, sujeito aos artifícios retóricos totalizantes e teleológicos, a correspondência, essencialmente fragmentária, altamente alusiva, marcada pela instabilidade na fixação de um perfil e pela multiplicidade de figurações do sujeito,

---

12. Ao prefaciar a edição das cartas trocadas entre Mário de Andrade e Otávio Dias Leite (Ateliê Editorial, 2007), Júlio Castañon Guimarães afirma: "pode haver sempre, por estarem [as cartas] no domínio do privado, a suposição de que guardam informações cuja circulação se dê apenas entre os correspondentes. Quando ocorre de virem a público, seria então como se houvesse uma espécie de revelação. Naturalmente, nem sempre essas informações são tão exclusivas assim, pois podem circular tanto em outras correspondências de cada um dos interlocutores, quanto em outros meios. [...] E aí já se tem pelo menos indício de como o conteúdo de uma correspondência para além de sua dimensão pessoal pode adquirir repercussão mais ampla. Além desses aspectos, as cartas podem ser deflagradoras de massa de informação que não está exatamente presente nelas, que ultrapassa seus limites" (Marcos Antonio Moraes (org.), "Mário, Otávio", *Cartas de Mário de Andrade a Otávio Dias Leite*, São Paulo, Ateliê Editorial, 2007).

exige instrumental analítico particular, aberto para as percepções das peculiaridades de cada grupo de missivas, em um viés de interpretação de natureza fenomenológica[13].

Penso que estas ideias ajudam na compreensão crítica das cartas trocadas entre Antonio Candido e Alceu Amoroso Lima: são "fragmentos discursivos, orientados por interesses comuns entre os carteadores, sofrendo derivas imprevistas na condução dos assuntos".

Numa outra direção crítica que ajuda na compreensão da epistolografia e suas particularidades, confirmamos o que afirmou Geneviève Haroche-Bouzinac, para quem o gênero epistolar se caracteriza por sua natureza profundamente polissêmica e com um "caráter essencialmente híbrido do gênero", possuindo uma forte "instabilidade de suas formas", "por isso mesmo sempre em movimento", o que necessariamente o leva a ser um "gênero de fronteira"[14]. Por todos estes câmbios teóricos e expressivos, a epistolografia possui uma gama de direcionamento analítico, numa constante "corda bamba" que não a relativiza, mas que lhe confere uma múltipla aplicabilidade e uma considerável riqueza de abordagem e performance, considerando o fecundo espaço de debate e discussão gerado por estes textos.

---

13. *Idem.*
14. Geneviève Haroche-Bouzinac, *Escritas Epistolares*, São Paulo, Edusp, 2016.

Sobre os Autores

Adélia Bezerra de Meneses
Fez mestrado e doutorado sob orientação do professor Antonio Candido. Lecionou Teoria Literária e Literatura Comparada na USP e na Unicamp (onde se aposentou) e, também, Literatura Brasileira na Technische Universität de Berlim. No presente atua como professora colaboradora voluntária junto à pós-graduação do DTLLC-USP. É pesquisadora do CNPq. Autora, entre outros, de *Desenho Mágico. Poesia e Política em Chico Buarque* (Ateliê Editorial, 3ª ed., 2002 - Prêmio Jabuti de 1982); *As Portas do Sonho* (Ateliê Editorial, 2002); *Cores de Rosa – ensaios sobre Guimarães Rosa* (Ateliê Editorial, 2010); e *Militância Cultural. A Maria Antonia nos anos 60* (Com-Arte, 2014).

Alejandro Blanco
Graduado em Sociologia pela Universidade de Buenos Aires, mestre em Sociologia da Cultura pela Universidade Nacional de General San Martín e doutor em História pela Universidade de Buenos Aires. Atualmente é professor da Universidade Nacional de Quilmes. Autor de *Razón y Modernidad: Gino Germani y la Sociología en la Argentina* (2006) e *Gino Germani: la Renovación Intelectual de la Sociología* (2006), além de artigos em revistas científicas.

Carlos Augusto Calil
Professor do Departamento de Cinema, Televisão e Rádio da ECA/USP. Entre 1979 e 2012, exerceu funções de direção em órgãos públicos culturais como Embrafilme, Cinemateca Brasileira, Centro Cultural São Paulo e Secretaria Municipal de Cultura de São Paulo. Realizador de documentários em filme e vídeo. Autor de ensaios e editor de publicações sobre cinema, iconografia,

teatro, história e literatura, dedicados a autores como Blaise Cendrars, Alexandre Eulalio, Paulo Emílio Sales Gomes, Glauber Rocha, Leon Hirszman, Joaquim Pedro de Andrade, Federico Fellini, Paulo Prado, Vinicius de Moraes, Mário de Andrade.

João Cezar de Castro Rocha
Professor titular de literatura comparada da Universidade do Estado do Rio de Janeiro (Uerj). Assessor *ad hoc* da Fundação de Amparo à Pesquisa do Estado de São Paulo e participa do Conselho Consultivo de várias revistas especializadas no Brasil e no exterior. Presidente da Associação Brasileira de Literatura Comparada (Abralic), eleito para o biênio 2016-2017. Tem experiência na área de letras, com ênfase em literatura brasileira e literatura comparada.

Laura de Mello e Souza
Graduou-se em história pela Universidade de São Paulo, onde fez toda sua formação universitária. Foi docente do Departamento de História da Faculdade de Filosofia, Letras e Ciências Humanas da Universidade de São Paulo desde 1983, aposentando-se em 2014 como professora titular de história moderna. Desde setembro de 2014, ocupa a cátedra de história do Brasil na Universidade de Paris IV – Sorbonne. É membro da Academia Brasileira de Ciências.

Leandro Garcia Rodrigues
Professor adjunto II de teoria da literatura e literatura comparada na Faculdade de Letras da Universidade Federal de Minas Gerais (UFMG). Pertence aos seguintes grupos de pesquisa: Acervo dos Escritores Mineiros (AEM-UFMG), Núcleo de Estudos de Epistolografia Brasileira (IEB-USP) e Rede de Pesquisa História e Catolicismo no Mundo Contemporâneo (UFMT-UPF-UFRN-PUC Minas).

Luiz Carlos Jackson
Professor do Departamento de Sociologia da FFLCH-USP, na qual obteve os títulos de mestre, doutor e livre-docente em sociologia. Autor do livro *A Tradição Esquecida: Os Parceiros do Rio Bonito* e *A Sociologia de Antonio Candido* e de artigos em revistas especializadas.

MARCOS ANTONIO DE MORAES
Professor de literatura brasileira no Instituto de Estudos Brasileiros e no programa de pós-graduação em literatura brasileira da Faculdade de Filosofia, Letras e Ciências Humanas da Universidade de São Paulo. Coordena, com as professoras Ana Paula Cavalcanti Simioni, Elisabete Marin Ribas e Laura Escorel, o *Grupo de Estudos Gilda de Mello e Souza e Antonio Candido*, no IEB-USP. Publicou, entre outros livros, *Correspondência Mário de Andrade & Manuel Bandeira* (Edusp/IEB, 2000) e *Câmara Cascudo e Mário de Andrade: cartas, 1924-1944* (Global, 2010). Bolsista de produtividade em pesquisa 1-D, CNPq.

MARIA AUGUSTA FONSECA
Professor sênior livre-docente 3 do Departamento de Teoria Literária e Literatura Comparada (USP). Estudiosa do modernismo brasileiro desde 1972, tem obras publicadas sobre a vida e a obra de Oswald de Andrade e de Mário de Andrade. Em 2008 organizou os números 11 e 12 da Revista Literatura e Sociedade em homenagem aos 90 anos de Antonio Candido. Por nove anos foi bolsista do CNPq, para estudar a obra do crítico. Organizou com Roberto Schwarz o livro *Antonio Candido 100 anos* (Editora 34, 2018).

MAX GIMENES
Bacharel e licenciado em Ciências Sociais e mestre em Sociologia pela FFLCH-USP. Atualmente é doutorando em sociologia pela mesma instituição, desenvolvendo pesquisa sobre a trajetória intelectual e política de Antonio Candido.

NORMA GOLDSTEIN
Mestre e doutora em letras pela Universidade de São Paulo, onde atua na pós-graduação de Filologia e Língua Portuguesa. Desenvolve pesquisas em estilística da poesia e linguística aplicada ao ensino de português. Dentre outros, publicou: *Versos, Sons, Ritmos* (Ática, 2007); *A Literatura de Jorge Amado* (Companhia das Letras, 2008); e *O Texto Sem Mistério – Leitura e Escrita na Universidade*, em coautoria (Ática, 2009).

PAULO VANNUCHI
Jornalista formado pela ECA-USP e mestre em ciência política. Foi ministro dos

Direitos Humanos no Governo Lula, de 2006 a 2010, e membro da Comissão Interamericana dos Direitos Humanos, com mandato entre 2014 e 2017.

Rodrigo Martins Ramassote
Graduado em Ciências Sociais pela ufscar. Mestre e doutor em Antropologia Social pela Unicamp. Entre 2014 e 2018, realizou pós-doutorado no Departamento de Antropologia Social da usp, com bolsa de pesquisa da Fapesp e estágio de pesquisa no Department of Anthropology at University of South Florida (usf). Desde 2006, é técnico em Ciências Sociais do Instituto do Patrimônio Histórico e Artístico Nacional (iphan). É autor do livro *Creencias, Rituales y FiestasGarífunas: Cuatro Artículos de Ruy Coelho* (2018) e de artigos que versam sobre história da antropologia no Brasil; crítica literária brasileira e patrimônio cultural imaterial.

Telê Ancona Lopez
Professora titular do Instituto de Estudos Brasileiros da Universidade de São Paulo (ieb-usp), ministra disciplinas e orienta projetos acadêmicos como colaboradora-sênior nessa instituição e na Faculdade de Filosofia, Letras e Ciências Humanas, da mesma universidade (fflch-usp). Foi curadora do Arquivo Mário de Andrade. Dedica-se atualmente a edições fidedignas anotadas, acrescidas de documentos, das obras de Mário de Andrade, no ieb-usp, e ao projeto *Traje de Arlequim: Uma Biografia/"Autobiografia"* de Mário de Andrade. É professora emérita do ieb-usp.

Walnice Nogueira Galvão
Professora emérita de teoria literária e literatura comparada da fflch-usp. Foi professora visitante nas Universidades de Austin, Iowa City, Columbia, Paris viii, Freie Universität Berlin, Poitiers, Colônia, École Normale Supérieure, Oxford, Berlin 2. Tem quarenta livros publicados sobre Guimarães Rosa, Euclides da Cunha, crítica da literatura e da cultura. Entre eles: *Lendo, Relendo* (Edições Sesc, 2020), *Os Sertões – ed. crítica* (Ubu e Edições Sesc, 2016), *Sombras & Sons* (Lazuli, 2011), *Euclidiana – Ensaios sobre Euclides da Cunha* (Companhia das Letras, 2009) e *Mínima Mímica – Ensaios sobre Guimarães Rosa* (Companhia das Letras, 2008). Escreve assiduamente em jornais e revistas.

Formato	16 x 23 cm
Tipologia	Sabon mt std
Papel	Cartão Supremo 300 g/m² (capa)
	Pólen Soft 70 g/m² (miolo)
Impressão e acabamento	Elyon soluções gráficas ltda.
Data	Dezembro de 2021